AF219134

Rolf Friedrich Schuett

Monsieur le Capital, Madame la Terre
und die Herren Knoten

Das Unbewusste des Materialismus

Rolf Friedrich Schuett

Monsieur le Capital, Madame la Terre und die Herren Knoten

Das Unbewusste des Materialismus

Books on Demand

Bibliographische Information Der Deutschen Bibliothek:
Die Deutsche Bibliothek verzeichnet diese Publikation
in der Deutschen Nationalbibliographie; detaillierte
bibliographische Daten sind im Internet abrufbar über
http://dnb.ddb.de

Herstellung und Verlag :
BoD – Books on Demand, Norderstedt

Printed in Germany

ISBN 978-3-7543-3193-4

Diese Arbeit enthält einen Auszug aus dem Werk:

„Wenn die Seele auf den Geist geht /
Zur Tiefenpsychologie der Philosophiegeschichte.
Chronik der unbewussten Weltbilder",
Norderstedt 2018

Für Elke
in Liebe und Dankbarkeit

Einleitung

Diese Arbeit geht aus von der Hypothese, dass die Philosophie noch lange nicht ausgeschöpft hat, was sie von Tiefenpsychologen profitieren könnte.

„Die Psychologie ist *die* philosophische Wissenschaft, und umgekehrt, die philosophische Wissenschaft oder die Philosophie, das ist die Psychologie." Niemand würde diese Worte des Philosophen Theodor Lipps (1851-1914) heute wohl mehr unterschreiben wollen oder die „Psychologie der Weltanschauungen" (1919) des ehemaligen Psychiaters Karl Jaspers noch einmal ernsthaft als philosophisches Fundament in Erwägung ziehen. Kaum noch jemand wird mit dem Lebensphilosophen Dilthey die Psychologie des Erlebnisverstehens im Gegensatz zur naturwissenschaftlichen Erklärung als die Basisdisziplin der Kulturwissenschaften verstehen.

Husserls „Logische Untersuchungen" (1900) hatten in der Nachfolge Franz Brentanos die logische Geltung strikt und endgültig und unabweisbar von ihrer psych(olog)ischen Genese abgetrennt.

Freud meinte, „dass die Philosophie eine der anständigsten Formen der Sublimierung verdrängter

Sexualität, nicht weiter, ist." (*Ludwig Binswanger*: „Erinnerungen an Freud", Bern 1956, S. 19). Auch wenn niemand diesem programmatischen Reduktionismus mehr folgen möchte, wurden die explikativen Chancen einer Anwendung der Tiefenpsychologie nicht nur auf Neurosen, Träume und Mythen, sondern auch auf „tief(gründig)e Gedanken" und ganze begriffliche Gedankengebäude bisher noch gar nicht recht ernstgenommen.

Der philosophische Gedanke sollte dabei nicht reduziert werden auf das psychische Rohmaterial, das in ihm mitverarbeitet ist, aber die Psychoanalyse kann sehr wohl helfen, die Objektivität des Gedankens vor dem unreflektierten Anteil aus der geheimen Subjektivität des Denkers und seiner Rezipienten zu schützen. Nicht die Philosophen werden dabei auf Freuds Couch gezerrt, sondern ihre bewussten Gedanken von möglichen unbewussten Anteilen befreit, die deren Wahrheitsgehalt hinterrücks ganz systematisch verzerren und die Ratio zur bloßen Rationalisierung von Verdrängungen verkommen lassen können.

Man könnte Freuds Tiefenpsychologie auch recht zwanglos einbetten in die lange Tradition der europäischen Moralistik und die „französischen Moralisten" als Ur-Analytiker des Unbewussten hinter allen rationalisierenden Bewusstseinsfassaden und Sozialkonventionen verstehen.

„Daß hierbei u. a. das Unbewusste zum ersten Male entdeckt wurde, ist das damals in seiner ganzen Bedeutung noch nicht ermessene Verdienst der *Maximen*" von La Rochefoucauld, erkannte Konrad Nussbächer 1988. Joseph Rattner und Gerhard Danzer nannten den Ur-Aphoristiker „ohne weiteres den Ahnherrn der Tiefenpsychologie". („Europäische Moralistik in Frankreich von 1600 bis 1950", Würzburg 2006, Seite 36)

Jacques Lacan erkannte, dass das Unbewusste wie eine Sprache strukturiert sei. Der *linguistic turn* hatte die Philosophie daran erinnert, sich von ihren Sprachformen gar nicht emanzipieren zu können, und legte es nahe, wieder über das Verhältnis von Literatur und Philosophie nachzudenken, selbst wenn man nicht ganz so weit gehen will wie Jacques Derrida, der ihre Differenzen einebnete zu bloßen rhetorischen Spielformen allgemeiner Textproduktion.

Freud hielt den bedeutenden Aphoristiker Nietzsche, der die französischen Moralisten in die Philosophie zurückführte, für jenen Denker, der wohl in der psychologischen Selbsterforschung bisher am weitesten gekommen sei, und für einen seiner eigenen Vorläufer. Psychologische Deuter sagen uns ständig: „So ist es nicht, wie ihr denkt, sondern in Wahrheit ganz anders... ". Die Philosophie täte gut daran, sich dieser Hilfsdisziplin stärker zu bedienen. Kurzum : Die Kosten für die Verdrängung der tiefenpsychologischen Hermeneutik aus der Philosophie dürften weit höher ausfallen, als viele Philosophen zu glauben scheinen. Philosophisches Denken könnte sich durch psychoanalytische Reflexion von falscher ubw-Subjektivität befreien. Das übt den Philosophen im Umgang mit unumgänglichen Ambivalenzen der Welt. Wir werden versuchen, davon einige Proben zu geben.

Das letzte Werk des unheilbar Krebskranken, „Der Mann Moses und die monotheistische Religion" von 1938, zeigte Sigmund Freuds eigenen Ödipuskomplex, einen geistigen Mordversuch an Gottvater, um sich mit Mutter Natur(wissenschaft) zu vereinigen. Die Psychoanalyse war seine welterobernde Art, weniger am eigenen (schwachen) Vater als am Gott seiner Väter zu scheitern.

Johannes Gross sah in Sigmund Freud übrigens einen großen Humoristen für das 21. Jahrhundert. Und auch dieses Buch lässt sich zwanglos als eine Art Wissenschaftssatire lesen.

»Der Mensch ist unmittelbar Naturwesen. Als Naturwesen und als lebendiges Naturwesen ist er teils mit natürlichen Kräften, mit Lebenskräften ausgerüstet, ein tätiges Naturwesen; diese Kräfte existieren in ihm als Anlagen und Fähigkeiten, als Triebe; teils ist er als natürliches, leibliches, sinnliches, gegenständliches Wesen ein leidendes, bedingtes und beschränktes Wesen, wie es auch das Tier und die Pflanze ist, d. h. die Gegenstände seiner Triebe existieren außer ihm ... Daß der Mensch ein leibliches, naturkräftiges, lebendiges, wirkliches, sinnliches, gegenständliches Wesen ist, heißt, daß er wirkliche, sinnliche Gegenstände zum Gegenstand seines Wesens, seiner Lebensäußerung hat oder daß er nur an wirklichen, sinnlichen Gegenständen sein Leben äußern kann. Gegenständlich, natürlich, sinnlich sein und sowohl Gegenstand, Natur, Sinn außer sich haben oder selbst Gegenstand, Natur, Sinn für ein drittes sein, ist identisch.«

»Sobald ich einen Gegenstand habe, hat dieser Gegenstand mich zum Gegenstand ... Sinnlich sein ist leidend sein. Der Mensch als ein gegenständliches sinnliches Wesen ist daher ein leidendes und, weil sein Leiden empfindendes Wesen, ein leidenschaftliches Wesen. Die Leidenschaft, die Passion ist die nach seinem Gegenstand energisch strebende Wesenskraft des Menschen ... denn das Leiden, menschlich gefaßt, ist ein Selbstgenuß des Menschen.«

„Ich lebe aber vollständig von der Gnade eines anderen, wenn ich ihm nicht nur die Unterhaltung meines Lebens verdanke, sondern wenn er noch außerdem mein Leben geschaffen hat, wenn er der Quell meines Lebens ist, und mein Leben hat notwendig einen solchen Grund außer sich, wenn es nicht meine eigene Schöpfung ist... Nun ist es zwar leicht, dem einzelnen Individuum zu sagen, was Aristoteles schon sagt : Du bist gezeugt von deinem Vater und deiner Mutter, also hat in dir die Begattung zweier Menschen, also ein Gattungsakt der Menschen den Menschen produziert."

„Du siehst also, daß der Mensch auch physisch sein Dasein dem Menschen verdankt. Du mußt also nicht nur die eine Seite im Auge behalten, den unendlichen Progreß, wonach du weiter fragst : Wer hat meinen Vater, wer seinen Großvater etc. gezeugt? Du mußt auch die Kreisbewegung, welche in jenem Progreß sinnlich anschaulich ist, festhalten, wonach der Mensch in der Zeugung sich selbst wiederholt, also der Mensch immer Subjekt bleibt."

»Das produktive Leben ist aber das Gattungsleben. Es ist das Leben erzeugende Leben.«

»Das unmittelbare, natürliche, notwendige Verhältnis des Menschen zum Menschen ist das Verhältnis des Mannes zum Weibe. In diesem natürlichen Gattungsverhältnis ist das Verhältnis des Menschen zur Natur unmittelbar sein Verhältnis zum Menschen, wie das Verhältnis zum Menschen unmittelbar sein Verhältnis zur Natur, seine eigene natürliche Bestimmung ist. In diesem Verhältnis erscheint also sinnlich, auf ein anschaubares Faktum reduziert, inwieweit dem Menschen das menschliche Wesen zur Natur oder die Natur zum menschlichen Wesen des Menschen geworden ist. Aus diesem Verhältnis kann man also die ganze Bildungsstufe des Menschen beurteilen. Aus dem Charakter dieses Verhältnisses folgt, inwieweit der Mensch als Gattungswesen, als Mensch sich geworden ist und erfaßt hat; das Verhältnis des Mannes zum Weib ist das natürlichste Verhältnis des Menschen zum Menschen. In ihm zeigt sich also, inwieweit das menschliche Wesen ihm zum natürlichen Wesen, inwieweit seine menschliche Natur ihm zur Natur geworden ist.«

»Also die Gesellschaft ist die vollendete Wesenseinheit des Menschen mit der Natur, die wahre Resurrektion der Natur, der durchgeführte Naturalismus des Menschen und der durchgeführte Humanismus der Natur.«

Vom Kopf auf die Füße: »In Hegels Geschichtsphilosophie, wie in seiner Naturphilosophie, gebiert der Sohn die Mutter, der Geist die Natur ... das Resultat den Anfang.« .

»Eine zu verschwenderische Natur hält den Menschen an ihrer Hand wie ein Kind am Gängelband.

Sie macht seine eigene Entwicklung nicht zu einer Naturnotwendigkeit. Nicht das tropische Klima mit seiner überwuchernden Vegetation, sondern die gemäßigte Zone ist das Mutterland des Kapitals.«

»... flüchtet vor der geschichtlichen Tragödie, die ihm drohend zu nahe rückt, in die angeblich reine Natur, d. h. in die blöde Bauernidylle und predigt den Kultus des Weibes, um seine eigene weibische Resignation zu bemänteln.«

»Die verzauberte, verkehrte und auf den Kopf gestellte Welt, wo Monsieur le Capital und Madame la Terre als soziale Charaktere, und zugleich unmittelbar als bloße Dinge ihren Spuk treiben.«

»... daß die Philosophie weltlich und die Welt philosophisch wird. Philosophie und Studium der wirklichen Welt verhalten sich zueinander wie Onanie und Geschlechtsliebe.«

»Der Schatzbildner opfert dem Goldfetisch seine Fleischeslust. Er macht Ernst mit dem Evangelium der Entsagung.«
»Indem aber für den sozialistischen Menschen die ganze sogenannte Weltgeschichte nichts anderes ist als die Erzeugung des Menschen durch die menschliche Arbeit, also das Werden der Natur für den Menschen, so hat er also den anschaulichen, unwiderstehlichen Beweis von seiner Geburt durch sich selbst, von seinem Entstehungsprozeß.«

»Proletarier aller Länder, vereinigt euch!«
»Als Gattungsbewußtsein bestätigt der Mensch sein reelles Gesellschaftsleben.«

M. spricht von der »naturwüchsigen Teilung der Arbeit, die ursprünglich nichts war als Teilung der Arbeit im Geschlechtsakt ...«

»Innerhalb der. Familie, weiterentwickelt eines Stammes, entspringt eine naturwüchsige Teilung der Arbeit aus den Geschlechts- und Altersverschiedenheiten, also auf rein physiologischer Grundlage...«.

»Eine Gesellschaftsformation geht nie unter, bevor alle Produktivkräfte entwickelt sind, für die sie weit genug ist, und neue höhere Produktionsverhältnisse treten nie an die Stelle, bevor die materiellen Existenzbedingungen derselben im Schoß der alten Gesellschaft ausgebrütet worden sind. Von diesem Augenblick an regen sich Kräfte und Leidenschaften im Gesellschaftsschoße, welche sich von ihr gefesselt fühlen.«

»Wenn du liebst, ohne Gegenliebe hervorzurufen, d.h. wenn dein Lieben als Lieben nicht die Gegenliebe hervorruft, wenn du durch deine Lebensäußerung als liebender Mensch dich nicht zum geliebten Menschen machst, so ist deine Liebe ohnmächtig, ein Unglück.«

Z i t a t s a c h e n

*Annenkows Bericht über die Begegnung Marx —
Weitling :* „Sagen Sie uns doch, Weitling, Sie, der
Sie mit Ihrer kommunistischen Propaganda in
Deutschland so viel Lärm gemacht und der Sie so
viele Arbeiter gewonnen haben, die dadurch Arbeit
und Brot verloren, mit welchen Argumenten recht-
fertigen Sie Ihre revolutionäre Tätigkeit, und worauf denken Sie dieselbe in Zukunft zu gründen?"

Weitling ... begann ... auseinanderzusetzen, daß
es nicht seine Aufgabe sei, neue ökonomische The-
orien zu schaffen, sondern diejenigen anzunehmen,
die geeignet seien, den Arbeitern die Augen zu
öffnen über ihre entsetzliche Lage und ... die sie
lehre, keinen Versprechungen ... mehr Glauben zu
schenken und ihre Hoffnung nur auf sich selbst zu
setzen, auf die Errichtung der demokratisch-kom-
munistischen Gesellschaft.

Er sprach viel, aber ... unklar und verworren ...
Er würde vermutlich noch länger gesprochen haben, wenn nicht Marx mit zornig zusammengezo-
genen Brauen ihn unterbrochen ... hätte. Das Wesentliche seiner sarkastischen Antwort war, daß es
einfach ein Betrug sei, das Volk aufzuwiegeln, ohne
ihm irgendwelche festen durchdachten Grundlagen
für seine Tätigkeit zu geben. Die Erweckung phan-
tastischer Hoffnungen ... führe niemals zur Rettung
der Leidenden, sondern muß zu ihrem Untergang
führen.... sich an die Arbeiter zu wenden ohne
streng wissenschaftliche Ideen und konkrete Leh-

ren, sei gleichbedeutend mit einem leeren, gewissenlosen Spiel mit der Propaganda ... Die bleichen Wangen Weitlings färbten sich ... Mit vor Erregung zitternder Stimme begann er zu beweisen, daß ein Mensch, der Hunderte von Menschen im Namen der Idee der Gerechtigkeit, Solidarität und brüderlichen Liebe um sich geschart habe, nicht ein inhaltsloser, müßiger Mensch genannt werden könne, daß ... vielleicht seine bescheidene Vorbereitungsarbeit für die gemeinsame Sache von größerer Wichtigkeit sei als die Kritik und die Kabinettsanalysen, die weit entfernt von der leidenden Welt ... entwickelt werden.

Die letzten Worte brachten Marx endgültig in Wut, er schlug in voller Wut mit der Faust auf den Tisch, daß die Lampe darauf erzitterte, und aufspringend rief er: „Niemals noch hat die Unwissenheit jemandem genützt."

„Wir folgten seinem Beispiel und erhoben uns gleichfalls. Die Unterredung war zu Ende, und während Marx in ungewöhnlich zorniger Erregung im Zimmer auf und niederschritt, verabschiedete ich mich schnell von ihm."

„Er ist in Verzweiflung ... Ihr habt ihn ganz toll gemacht... es ist zum Kotzen." (Moses Heß an Marx, Brief vom 20. 05. 1846) „Der Handwerkerkommunismus, der philosophische Kommunismus' müssen bekämpft werden, das Gefühl muß verhöhnt werden ..." (Wilhelm Weitling an Heß, Brief vom 31. 03. 1846).

Marx zuvor über „Weitlings geniale Schriften": „Vergleicht man die nüchterne, kleinlaute Mittelmäßigkeit der deutschen politischen Literatur mit diesem maßlosen und brillanten literarischen Debüt der deutschen Arbeiter; vergleicht man diese riesenhaften Kinderschuhe des Proletariats mit der Zwerghaftigkeit der ausgetretenen politischen Schuhe der deutschen Bourgeoisie, so muß man dem deutschen Aschenbrödel eine Athletengestalt prophezeien" (10. 08. 1844).

Monsieur le Capital, Madame la Terre und die Herren Knoten

Kurz vor Karls Geburt konvertierte sein Vater zum preußischen Protestanten Heinrich Marx, um als Advokat zu reüssieren im katholischen Trier. Die Mutter Henriette, geb. Pressburg, weigerte sich über ein Jahrzehnt lang, diesen Schritt mit zu vollziehen, und das nicht nur aus Rücksicht auf ihre Eltern. Am Ende folgte sie ihrem Mann widerstrebend, um den familiären Wohlstand nicht zu gefährden. Der *liebe Carl* wurde als Sechsjähriger christlich getauft, auf dem zeitlichen Höhepunkt der sogenannten phallischen Phase kindlicher Entwicklung; er trat nie aus der Kirche aus. Diesen Verrat an ihrer Religion muß Carl seinen Eltern als Opportunismus übelgenommen haben. Der Atheist Marx folgte weder dem Gott der Mutter noch dem christlichen des Vaters: der Mammon schien mächtiger als dieser Gott, zu dessen Dienst seine Eltern ihn als ältesten Sohn ursprünglich bestimmt hatten. Der männliche Erstgeborene war von den stolzen Eltern überverwöhnt und in dem Gefühl erzogen worden, als "Gottes Sohn", wie viele Familienvorfahren für die Gelehrtenlaufbahn ausersehen, etwas ganz Besonderes zu sein. Die männliche Erstgeburt war dem Dienst an jenem Gott geweiht, der als Souverän sich seine Gesetze selbst gibt, Carl sein autonomer Sohn, der Autochthone, der zuerst kommt. Der zeitlich

Erste ist in der Tradition der Rangerste, der die Priorität beanspruchen darf : im Falle des Karl Marx die Priorität als Entdecker der Universalität dessen, was ihm zustieß, die Degradierung vom 'Gottessohn' zum Spießbürger, der sich seine Brötchen selbst verdienen sollte, statt daß ihm ewig die gebratenen Tauben aus Schlaraffia in den Mund flogen. Nach der ihr aufgenötigten christlichen Taufe war wenigstens die Mutter kaum noch bereit, in ihrem *Liebenswertesten und Besten* noch Gottes Sohn in spe zu hofieren, den er doch mit der Muttermilch eingesogen hatte. Nach seiner Verlobung mit dem 'schönsten Mädchen von Trier, der Ballkönigin Jenny von Westphalen, wurde dem over-protected child zugemutet, einen gemeinen Brotberuf zu ergreifen, statt sich zu Höherem berufen zu fühlen, als seine Familie so zu ernähren, wie er von seinen Eltern ernährt worden war. Der scheue, unsichere, sentimentale, kompromisslerisch devote Vater war da länger bereit, die Berufung des Sohnes über den Brotberuf zu stellen, und suchte beides vereinbaren zu helfen. Auch hoffte er, im Sohn den eigenen unbefriedigt gebliebenen Ehrgeiz befriedigt zu sehen, und blieb geschmeichelt durch dessen hochfahrend unrealistische Ambitionen, die er kleinbürgerlich unterzubringen dachte. Aber Carl verachtete diesen brav liberalen Anhänger Voltaires, Lessings und Rousseaus, der es verstand, gleichzeitig preußischer Monarchist zu sein und um der Karriere Willen jene Religion zu verleugnen, die dem Sohn eine himmlische Karriere vorgesehen hatte.

Bis zur Konversion vertritt die Mutter die Religion der Väter, und der leibliche Vater ist der mütterlich Besorgte : Aus dieser Konfusion wird Marx nie mehr herausfinden. Nach dem Tode des Vaters 1838 saß die Mutter allein auf dem Familienbesitz und erwartete vom Ältesten zu *pronowiren*, um der Herkunftsfamilie vorstehen und eine eigene Familie endlich gründen zu können. Spätestens jetzt wurde ihm die *arme Schmerzensmutter*, eine einfache, brave, tüchtige, sparsam wirtschaftende und ungebildete Hausfrau, die zeitlebens ihre *Entfremdung* von ihrer holländischen Familie bejammerte, zur *geizigen Alten*, die den verbummelten Studenten nicht länger pekuniär säugen wollte. Aber der liebe Carl war nicht mehr willens, bereit oder fähig, die im kleinen Jungen früh stimulierten Größenphantasien realistisch zu ermäßigen und vom Weltenschöpfer zum Familiengründer sich herabwürdigen zu lassen, vom Sohn Gottvaters zum bourgeoisen Familienvater depotenziert zu werden, der nicht mehr zum *Wohl der Menschheit* an seiner 'Vervollkommnung' arbeiten könnte.

Die Zumutung, seine Berufung zum Allerhöchsten in den Dienst eines Brotberufs zu stellen, hat Marx stets zurückgewiesen. Als sie ihn noch ernährten, hatten seine Eltern in ihm das Gefühl genährt, nicht sich und die Seinen ernähren zu müssen. Als die stolz besorgte Familie anfängt ihn zu drängen, er müsse für sich selbst sorgen, sieht er gar nicht ein, weshalb er plötzlich schuften soll für weniger als das, was er einst umsonst in Überfülle genießen durfte, im Namen seiner göttlichen Bestimmung, auf die er nicht mehr verzichten kann und mag. Er bleibt das, was er einmal war: das gehätschelte Vorzugskind. Er sieht sein Wesen in dem, was er für seine Eltern einmal gewesen ist : Erstgeburt, die für die Welt arbeitet statt wie sie und seine Geschwister für sich und die Familien. Als die Alten nach der Konversion und nach dem Tod des Vaters und vor Carls Eintritt ins Berufsleben und vor seiner Familiengründung alle aufhören, ihn zu vergöttern, beginnt seine Selbstberufung als Rückgriff auf seine frühe Kindheit, kurz vor seiner drohenden kleinbürgerlichen Reife. Vor diesem Erwachsenen, den sie ihm viel zu spät zugedacht haben, weicht er aus ins Infantile und erfindet die von den Eltern verraten geglaubte Religion neu. Aus der Not des geborenen Königssohns, der sich als Tagelöhner verding-(lich)en soll, macht Marx die Tugend, in jedem Tagelöhner den betrogenen Prinzen zu sehen und herauszukitzeln. 'Mit Marx- und Engelszungen' werden die Erniedrigten und Beleidigten der Welt verführt, sich als Opfer des gleichen sorgsam maskierten Schicksals zu fühlen, als verkappte Königskinder, als verwunschene Prinzen, die für ein Linsengericht aus Kapitalistenhand ihr Erstgeburtsrecht verkaufen mußten. Sein Intellekt erlaubt ihm nun die kosmische Projektion seines privaten Elends als frühverzärteltes Kind, dem mehr versprochen war, als der spätere Arbeitslohn und die bürgerliche Erwerbswelt der Eltern abwirft. Es gelingt ihm, der Gesellschaft sein persönliches Problem zu unterstellen als allgemeingültiges, was unmöglich wäre, wenn die Gesellschaft ihm nicht im Innersten entgegenkäme. Marx reaktiviert die regressive Sehnsucht aller, als Erwachsene wie verantwortungslose, liebevoll vollversorgte Babys zu leben bis an ihr seliges Ende, heim zu den Müttern, am Busen der guten Mutter Natur zu liegen, ohne deshalb aufzuhören, die Privilegien der Großen zu genießen. Er zeigt den Ausweg auf, die Vertreibung aus dem Paradies des Säuglings rückgängig zu machen, indem wir uns die Erde untertan machen, jene Mutter Natur, der wir entwöhnt und entfremdet werden. Aber zwischen Karl Marx und der allgütigen Mutter Natur stand nicht nur kastrationsdrohend der Vater Heinrich, sondern *Engelsmutter* Henriette selbst. Der Auserwählte sollte sich wieder einreihen unter die Geschwister, nur einer unter anderen sein. Das war zu viel, weil es zu wenig war. Einer unter anderen sein, heißt noch unter ihnen stehen, wenn man einmal so hoch über ihnen thronte. Die so früh geweckte und dann notwendig enttäuschte Anspruchshaltung verkehrte sich in zynische Rachsucht und maßlosen Haß. Wenn nach Adorno „Utopie von der Liebe der Mutter zehrt", gegen das bloße Realitätsprinzip des Vaters, dann zehrte Marxens Utopie von der überängstlich überfürsorglichen Verwöhnung der Mutter, von ihrem frühen Stolz auf den Erstgeborenen.

Die Mutter, das war die Hexe, die das Erstgeburtsrecht des Ältesten verkaufte, das war das vom Vater geerbte Kapital, das den Sohn Gottes hatte finanzieren sollen, das war die „ökonomische

Scheiße", das mütterliche Privateigentum an Produktionsmitteln. Die Mutter, das war ihm Natur und Kapital in einer Person. Geld war ja ursprünglich Schneckengehäuse und Muscheln, also Vagina-Substitute; für Marx ist der Geldfluß der verdinglichte Strom der Muttermilch. Sie saß auf dem Geld, das der Mann für sie erarbeitet hatte, analpossessiv be-saß sie das dreckige Gold und rückte nie genug davon heraus. Dagegen wurde der zeitlebens arbeitende Vater fast schon der von ihr ausgebeutete *Herr Knoten.*

Die Mutter hatte stärker am Glauben festgehalten, der Vater länger an Carls Erstgeburtsrecht. Des Vaters schämte er sich, die Mutter haßte er. "Seine Mutter hat eine merkwürdig unbedeutende Rolle in seinem Leben gespielt." (*Isaiah Berlin*: „Karl Marx", S. 40). Ganz im Gegenteil, wie bei Kierkegaard, der nur von seinem Vater sprach. Marx war nicht in der Lage, vom hohen Roß herunterzusteigen, auf das seine Eltern ihn selbst gesetzt hatten, und nun sollte er den Amtsschimmel oder die Rosinante reiten statt den Pegasus oder die Rösser des Helios? Gott war für ihn gestorben, nachdem die Eltern für ihn gestorben waren, für die Gott gestorben war um des Mammons Willen. Wie aber sorgt man für den eingeborenen Sohn aus der Verbindung Gottvaters und der leiblichen Mutter, ohne ihn um den Mehrwert der Arbeit zu betrügen, die er für die Welt verrichtet? Schwiegersohn Paul Lafargue überlieferte Marxens Lieblingslosung : "Für die Welt arbeiten" statt für die Familie, also am "Kapital" statt für das Kapital (das der Unternehmer Engels beisteuerte). "Ich lache über die sogenannten 'praktischen' Männer und ihre Weisheit. Wenn man ein Ochse sein wollte, könnte man natürlich den Menschheitsqualen den Rücken kehren und für die eigne Haut sorgen. Aber ich hätte mich wirklich für unpraktisch gehalten, wenn ich krepiert wäre, ohne mein Buch, wenigstens im Manuskript ganz fertig zu machen."

Er machte die Menschheit zu seinem Problem, indem er sein Problem zu dem der Menschheit machte und umgekehrt. Und er versuchte, das Problem der Menschheit zu lösen, um einen Ausweg aus seinem persönlichen Dilemma zu finden. Jeder könnte der Erlöser sein, also ist jeder der Erlöser, ohne es zu wissen, alle zusammen sind es. Wenn jeder ein Vorzugskind ist, ist es keiner mehr – außer Marx, der es als erster und einziger ganz ausspricht. Zwischen ihm und seiner Berufung als Schriftgelehrter stand das Kapital – der Mutter, die darauf sitzenblieb, wie Carl auf dem „Kapital", für das er die Rezensionen dann selber schrieb. Seine Arbeit für die Welt war Schreiben, seine Praxis war Theorie, daß (fast) alle in seiner Lage waren, ihre Berufung für das Linsengericht des Arbeitslohns an einen Brotberuf verkaufen zu müssen, und daß ihre Berufung genau darin bestand, das nicht zu tun, während seine Berufung darin bestand, es ihnen zu sagen. Je mehr er der Menschheit gibt, umso weniger glaubt er zu bekommen von — der Mutter, verelendet in der Fremde erst des Studienorts Bonn usw. Nur das

Nötigste, um weiter schreiben zu können, daß jeder sich das verkaufte Erstgeburtsrecht zurückerobert, weil er mehr verdient, als er verdient. Je mehr der Vater für die Familie arbeitete und der Sohn für die Welt, umso reicher wurde sie, die Monopolistin, die alle vampirhaft aussaugte wie jeder Säugling die Mutter. Marxens Antikapitalismus war auch Antifeminismus, Rache des sich sitzen gelassen geglaubten Lieblingskindes, das die Frauen durch Ausbeutung bestraft und sich paranoisch verfolgt durch das fühlt, was sie zu vergeben haben und ihm vorenthalten: Sinekuren für Gottes Rentner. Die Mutter schickte ihn auf die Straße : Das war Anstiftung zur Prostitution. Der Egoist sieht sich gefangen in einer Welt von Egoisten. Sie schreibt ihm: " ... nun kanst du mirs gahr als eine schwäche unseres geschlechts ansehn, wan ich neugierig bin wie du deine kleine haushaltung eingerichtet, ob die Oekonomie auch die Hauptrolle schpielt ... deine Liebenswürdige Muse wird doch nicht durch die Prosa deiner Mutter beleydigt fühlen, sage ihr durch das niedere wird das höhere und bessere erzielht ... " . Das ist die Theorie von Unterbau und Überbau in nuce. – "Im Falle von Marx mag die Aversion gegen seine Mutter eine besondere Bedeutung im Zusammenhang mit seinem Antisemitismus zukommen." *(Arthur M. Prinz)*

Unter den gegebenen Umständen ich jedenfalls noch nötiger als die Alte, schrieb er Engels bei ihrem Tod, in Sorge um sein Erbe. Zeitlebens bleibt Marx, indem er ihnen in allem trotzt, an die Ordnungs- und Reinlichkeitsermahnungen dieser überängstlichen, "großen, herrlichen Frau" fixiert. Dem ältesten Sohn schrieb sie es:

" .. ich las das Gefühl den vorang für den Verstand und ich bedaure lieber Carl das du zu vernünftig bist ... " Der überlegen distanzierte Intellekt entfremdet ihn der Familie zusätzlich, die in der Diaspora schon entfremdet genug ist. Nur der Vater himmelt ihn noch an, als er das Elterhaus verläßt, um zu studieren: „Ich wünsche in Dir das zu sehn, was vielleicht aus mir geworden wäre, wenn ich unter ebenso günstigen Auspizien die Welt erblickt hätte. Meine schönsten Hoffnungen kannst du erfüllen und zerstören... Ich will und kann meine Schwäche gegen dich nicht verbergen ... Dein hohes Emporkommen, die schmeichelnde Hoffnung, Deinen Namen einst in hohem Rufe zu sehn, sowie dein irdisches Wohl ... Ob du Deine Karriere für dies oder jenes Fach gestaltest, ist mir im Grunde gleich ... desto heiligere Pflicht übernommen, sich selbst dem Wohle eines Mädchens zu opfern ... in der wirklichen Welt, nicht im beräucherten Zimmer bei der dampfenden Öllampe neben einem verwilderten Gelehrten... " Am Ende überwiegen Unverständnis, Sorge, Vorwurf und Angst: "... daß der Egoismus in deinem Herzen vorherrschend ist ... etwas mehr, als zur Selbsterhaltung nötig ist ... Nein, Schwachheit, Verzärtelung, Eigenliebe und Dünkel allein reduzieren so alles auf sich ... So jung noch warst Du Deiner Familie entfremdet ... kränkelnde Empfindlichkeit ... stürmische Eigenheiten, heftige Aufbrausungen etc. etc. etc. ... So sehr ich Dich über alles, - die Mutter ausgenommen - liebe ... zurückscheuende Ungeselligkeit mit Hintansetzung alles Anstandes und selbst aller Rücksichten gegen den Vater - Die Kunst, mit der Welt zu verkehren, auf die schmutzige Stube beschränkt ... " — Schon im Abitursaufsatz will Karl ja nur der "Stimme der Gottheit" folgen, "von der Menge bewundert und über sie erhaben." Der Kampf gegen die Mutter Natur auch in ihm selbst beginnt: Die geliebte Frau Jenny büßt den Haß auf die Mutter und fühlt sich wie alle Frauen vom Paranoiker Marx bis zum Schluß angezogen. Der Mann, der so viel über Lebensmittel schrieb, soll nicht aus seinem Darm erklärt werden, aber seine lebenslänglichen gastro-intestinalen Störungen bezeugen die negative Mutterfixierung. Das Leben seiner Frau und seiner Töchter ruinierte er für sein Werk. Hegel kehrte er nur um, um ihn zu übertreffen im Kampf "gegen alle himmlischen und irdischen Götter, die das menschliche Selbstbewusstsein nicht als die oberste Gottheit anerkennen. Es soll Keiner neben ihm sein." Kants Widerlegung der Gottesbeweise benutzte er für seine Zwecke : "Wenn jemand sich vorstellt, hundert Taler zu besitzen, ... so haben ihm die hundert eingebildeten Taler denselben Wert wie hundert wirkliche. Er wird z. B. Schulden auf seine Einbildung machen, sie wird wirken, wie die ganze Menschheit Schulden auf ihre Götter gemacht hat ... Hat ein wirklicher Taler anderswo Existenz als in der Vorstellung?" Die hundert Taler seiner Mutter gingen ihm nicht aus dem Kopf, die fixe Idee wurde zur "materiellen Gewalt", "denn die Natur muß entzweigeschlagen werden, damit der Geist sich in sich selbst eine".

"Ich bin nichts, und ich müßte alles sein". "Der Mensch, der Beherrscher der Natur", "reproduziert" sie nach seinem Willen: "Die Welt soll aus mir selbst entsteigen". "Marx bekennt sich zum Kommunismus, aber er ist ein Fanatiker des Egoismus" *(Arnold Ruge).* Der Schoß der Mutter war ihm eine lebende Geldbörse. "Das Proletariat vollzieht das Urteil, welches das Privateigentum durch die Erzeugung des Proletariats über sich selbst verhängt".

Das hatte der Aristo-Säugling gegen den Bürger : "Er wurde nicht von dem Egoismus des Gewerbes befreit, er erhielt Gewerbefreiheit." Marx liebte sich und seine Eltern, sofern und soweit und solange sie in ihm den ältesten Sohn liebten und bevorzugten. "Ich habe den Eindruck mitgenommen, daß seine persönliche Herrschaft der Zweck all seines Treibens ist, und all seine Socien sind weit unter und hinter ihm, und wagen sie das einmal zu vergessen, so stuckst er sie in ihr Verhältnis zurück mit einer Unverschämtheit, die eines Napoleon würdig." *(Techow).* Mazzini nannte Marx einen "zersetzenden Geist, dessen Herz eher vor Haß denn voll Menschenliebe birst ... außerordentlich schlau, verschlagen und verschlossen. Auf seine Autorität als Parteichef ist Marx eifersüchtig, gegen seine politischen Rivalen und Gegner ist er rachgierig und unerbittlich; er ruht nicht, bis er sie zugrunde gerichtet hat; seine vorherrschende Eigenschaft ist grenzenlo-

se Ambition und Herrschsucht." "Wie oft ... denke ich an die Geschichte dieses babylonischen Königs, der sich selbst für den lieben Gott hielt, aber von der Höhe seines Dünkels erbärmlich herabstürzte, wie ein Tier am Boden kroch und Gras aß ... In dem prachtvoll grandiosen Buch Daniel steht die Legende, die ich ... auch meinem noch viel verstockteren Freunde Marx ... und wie sie sonst heißen mögen, diese gottlosen Selbstgötter, zur erbaulichen Beherzigung empfehle." (Heinrich Heine : „Lutetia")
"Diese Doktoren der Revolution und ihre mitleidslos entschlossenen Schüler sind die einzigen Männer in Deutschland, die Leben in sich haben und ihnen, fürchte ich, gehört die Zukunft."

Einmal bewarb er sich um einen Job und war froh, daß die Bewerbung wegen schlechter Handschrift abgelehnt wurde. Was war Engels für ihn? "Er ist mein intimster Freund. Ich habe kein Geheimnis für ihn. Ohne ihn wäre ich längst gezwungen gewesen, ein 'Geschäft' zu beginnen."
Marx konnte auch ihn ertragen nur, weil er freiwillig die zweite Geige spielte – und die bessere Mutter war: "Marx war ein Genie, wir anderen höchstens Talente." Erst nach dem ersten Band des 'Kapital' konnte er ihm schreiben: "Ohne dich hätte ich das Werk nie zu Ende bringen können, und ich versichere Dir, es hat mir immer wie ein Alp auf dem Gewissen gelastet, daß Du Deine famose Kraft hauptsächlich meinetwegen kommerziell vergeuden und verrosten ließest und, into the bargain, noch alle meine petites misères miterleben mußtest ... I emb-

race you, full of thanks! ... Deine selbstaufopfernde Sorge um mich ist unglaublich, und ich schäme mich oft im Innern – , doch ich will nicht jetzt weiter auf dies Thema eingehn." Was ihn nie hinderte, mit seiner Frau, die auf Engels eifersüchtig war, über das alter ego herzuziehen, das *seinen* unehelichen Sohn Frederick als sein Kind ausgegeben hatte, um die Ehe der Marxens zu schützen. Als Engels Lebensgefährtin Mary Burns starb, bat Marx im Kondolenzschreiben um mehr Geld. Die Freundschaft drohte zu zerbrechen, da entschuldigte sich Marx zum ersten und einzigen Mal in seinem Leben. Der Egoist verachtete den "Kommunismus als liebevollen Gegensatz des Egoismus", als "Liebessabbelei", den "Staat, sowohl als den Menschenkehricht, worauf er basiert". Die "rücksichtslose Kritik alles Bestehenden" rechtfertigte ihm die Gewalt als "Geburtshelfer".

      Höhepunkt im "Kapital" : "Je ein Kapitalist schlägt viele tot. Hand in Hand mit dieser Zentralisation oder der Expropriation vieler Kapitalisten durch wenige entwickelt sich die kooperative Form des Arbeitsprozesses auf stets wachsender Stufenleiter, die bewußte technische Anwendung der Wissenschaft, die planmäßige Ausbeutung der Erde, die Verwandlung der Arbeitsmittel in nur gemeinsam verwendbare Arbeitsmittel, die Ökonomisierung aller Produktionsmittel durch ihren Gebrauch als Produktionsmittel kombinierter und gesellschaftlicher Arbeit, die Verschlingung aller Völker in das Netz des Weltmarkts und damit der internationale Charakter des kapitalistischen Regimes. Mit der beständig abnehmenden Zahl der Kapitalmagnaten, welche alle Vorteile dieses Umwandlungsprozesses usurpieren und monopolisieren, wächst die Masse des Elends, des Drucks, der Knechtschaft, der Entartung, der Ausbeutung, aber auch der Empörung der stets anschwellenden und durch den Mechanismus des kapitalistischen Produktionsprozesses selbst geschulten, vereinten und organisierten Arbeiterklasse. Das Kapitalmonopol wird zur Fessel der Produktionsweise, die mit und unter ihm aufgeblüht ist. Die Zentralisation der Produktionsmittel und der Vergesellschaftung der Arbeit erreichen einen Punkt, wo sie unerträglich werden mit ihrer kapitalistischen Hülle. Sie wird gesprengt. Die Stunde des kapitalistischen Privateigentums schlägt. Die Expropriateurs werden expropriiert." (MEW 23, 701) Und am Ende des Lebens : "Die Geschichte hat uns und allen, die ähnlich dachten, unrecht gegeben." (MEW 22, 515).

Marx hatte nur ein Produkt auf den Markt zu werfen : "Das Kapital". Sein Wert : die zur Herstellung nötige Arbeitszeit – seine Lebenszeit. Sein Arbeitslohn: das zur Reproduktion der Schreibkraft Nötigste. Der Gebrauchswert: unbezahlbar; der Tauschwert geht gegen Null, ein Ladenhüter zu Lebzeiten. Gegenstand der Arbeit ist die Arbeitswelt selbst. Am Ende hat der Sohn nichts mehr zu geben und alles zu nehmen, die Mutter nichts mehr zu nehmen und alles zu geben. Sie bleibt auf dem Kapital sitzen, ihre Erstgeburt auf dem „Kapital". Sie hat ihn erzeugt, er das Buch der Bücher über sie beide; also hat nicht sie seine Produktivität produziert, aber er ihr Kapital, das zur Fessel seiner Schreibkraft wird. Die Arbeit am „Kapital" ist am Ende keine Arbeit am Kapital mehr. Warum nicht?

Rosa Luxemburg kritisierte früh, es gebe das von Marx beschriebene Proletariat nicht. Warum statte das Kapital die Arbeitskraft nicht mit Kaufkraft aus? Ganz einfach : Mutter Marx hielt ihren Carl kürzer als das Kapital die Lohnarbeit. Der wirkliche Proletarier ist eben keine aristokratische Erstgeburt, die sich soweit unter Preis verkauft fühlt, wie Karl Marx sich fühlte, der immer gleich Surplusarbeit für die Menschheit leistete, mehr wert als alles, was er an kapitalisierter Mutterliebe zurückbekam. Er beanspruchte nicht mehr Materielles, sondern über den rohen Kommunismus hinaus mehr und anderes als Finanzielles: Mater-ielles, das Erstgeburtsrecht zurück. Esau Marx wirft das Linsengericht in den Dreck, für das er verkauft wurde und sich verkaufte; anders als der Proletarier, der von seinen Eltern nicht zu Höherem bestimmt, d. h. für die Fabrikarbeit verdorben wurde. Der *Herr Knoten* wird nicht als 'Sohn Gottes' geboren, die Arbeitermutti erzieht ihn nicht anspruchsvoll und ungenügsam genug, nicht als verhinderten Schriftgelehrten, der auszuhalten ist. Er erwartet nicht mehr, als die Chefs zu geben bereit sind, die mit der Arbeitermutti wie unter einer Decke stecken, bislang. Die Herren Straubinger fühlen sich keiner Berufung entfremdet für ein Linsengericht, ihnen war, anders als Marx, nie mehr versprochen als die Abschöpfung der Geschöpfe bis zur Erschöpfung der Schöpfer. Sind die proletarischen Mütter nicht frustriert genug, um ihre Kinder so systemuntreu zu verwöhnen, daß sie kapitalistisch nicht mehr zufrieden zu stellen sind durch bloße Nachschläge auf den Teller?

Die Entfremdung der Produzenten von ihren Produkten, Wesenskräften und Mitmenschen, also von sich selbst, von *dem* Anderen und von *den* Anderen, entstamme nicht erst der Ausbeutung durch den Produktionsmittelbesitzer, sondern schon dem Ursündenfall der Arbeitsteilung. Die „Deutsche Ideologie" spricht von "naturwüchsiger Teilung der Arbeit, die ursprünglich nichts war als Teilung der Arbeit im Geschlechtsakt, dann Teilung der Arbeit, die sich vermöge der natürlichen Anlage (zum Beispiel Körperkraft), Bedürfnisse, Zufälle etc. etc. von selbst oder naturwüchsig macht ... endlich bietet uns die Teilung der Arbeit gleich das erste Beispiel davon, daß, ... solange die Tätigkeit also nicht freiwillig, sondern naturwüchsig geteilt ist, die eigne Tat des Menschen ihm zu einer fremden, gegenüberstehenden Macht wird, die ihn unterjocht, statt daß er sie beherrscht ... Die Teilung der Arbeit wird erst wirklich Teilung von dem Augenblicke an, wo eine Teilung der materiellen und geistigen Arbeit eintritt ... Von diesem Augenblick an ist das Bewußtsein imstande, sich von der Welt zu emanzipieren. "

Ist die Urproduktion aber die Reproduktion der Gattung selbst, deren Wesen der Mensch sich soziohistorisch zunehmend entfremde, dann haben sich bereits im urkommunistischen Gemeinwesen Mann und Frau die Arbeit an der Erzeugung der Kinder geteilt. In der von Marx beschworenen genitalen und generativen Urdifferenz sah Freud die Matrix des Ödipus, der damit zum Ur-Entfremdeten wird, zu einem von der Brust der Mutter Natur Entwöhnten: "Innerhalb der Familie, weiterentwickelt eines Stammes, entspringt eine naturwüchsige Teilung der Arbeit aus den Geschlechts- und Altersverschiedenheiten, also auf rein physiologischer Grundlage, die mit der Ausdehnung des Gemeinwesens, der Zunahme der Bevölkerung und namentlich dem Konflikt zwischen verschiedenen Stammen und der Unterjochung eines Stammes durch den ändern ihr Material ausweitet ... Es ist diese naturwüchsige Verschiedenheit, die bei dem Kontakt der Gemeinwesen den Austausch der wechselseitigen Produkte und daher die allmähliche Verwandlung dieser Produkte in Waren hervorruft ... Es ist nicht die absolute Fruchtbarkeit des Bodens, sondern seine Differenzierung, die Mannigfaltigkeit seiner natürlichen Produkte, welche die Naturgrundlage der gesellschaftlichen Teilung der Arbeit bildet."

Das Urprivateigentum sei das an Mutter Erde gewesen: „Das Verhalten zur Erde als Eigentum ist immer vermittelt durch die Okkupation, friedliche oder gewaltsame, von Grund und Boden durch den Stamm, die Gemeinde ... ". Entfremdung komme durch den Fortschritt in die Welt, der bereits in der "Reproduktion ihrer Glieder" stecke : „Die Produktion selbst, Fortschritt der Bevölkerung (auch dieser gehört zur Produktion) ... " Da „geht das Gemeinwesen unter mit den Eigentumsverhältnissen, auf denen es gegründet war." "Reproduktion ist zugleich notwendig Neuproduktion und Destruktion der alten Form." – "Der Mensch vereinzelt sich erst durch den historischen Prozeß. Er erscheint ursprünglich als ein Gattungswesen, Stammwesen, Herdentier ... "

Marx hält dafür, "daß dem Menschen sein Gattungswesen entfremdet ist" und "daß die kommunistische Revolution ... die Teilung der Arbeit aufhebt", ja, "daß die kommunistische Revolution ... die Arbeit beseitigt." Die Naturgrundlage der Arbeitsteilung sei die launische Mutter Natur selbst: Hier gibt sie von sich aus diesem viel, dort jenem weniges, mal dieses, mal jenes, in aller Ungerechtigkeit teilt sie aus, in deren Konsumtion sich so viele teilen.

"In Hegels Geschichtsphilosophie, wie in seiner Naturphilosophie, gebiert der Sohn die Mutter, der Geist die Natur ... das Resultat den Anfang." Bekanntlich wollte Marx diesen Idealismus vom Kopf auf die Schweißfüße zurückstellen.

"Die Materie selbst hat der Mensch nicht geschaffen."

Umgekehrt ist der Erdensohn ja durch die Mater-ie gezeugt. "Denn der Mensch ist ein Teil der Natur." Er "tritt dem Naturstoff selbst als eine Naturmacht gegenüber." "Eine zu verschwenderische Natur hält ihn an ihrer Hand wie ein Kind am Gängelband. Sie macht seine eigene Entwicklung nicht zu einer Naturnotwendigkeit. Nicht das tropische Klima mit seiner überwuchernden Vegetation, sondern die gemäßigte Zone ist das Mutterland des Kapitals." Entwöhnung muß sein, also Entfremdung von der Brust der Mutter Natur. Und der leiblichen

Mutterbrust werden wir entwöhnt und entfremdet, um die unwirtliche äußere Natur zu bearbeiten, also so umzuformen, daß sie eine gute Mutter Natur wird, an deren Brüsten wir dermaleinst liegen können. Erst diese industriell fabrizierte Mutterbrust der Natur, die rohstoffverarbeitende Fabrikmaschine, aus der so viel Milch und Honig fließt, daß keine Verteilungskämpfe mehr nötig sind, bringt die uns nach Marx mögliche Rückkehr des verlorenen Paradieses der frühen Kindheit. In der Arbeit macht der Mensch die Natur zu(seine)r Mutter: "Die Natur wird ... rein Gegenstand für den Menschen, rein Sache der Nützlichkeit; hört auf, als Macht für sich anerkannt zu werden; und die theoretische Erkenntnis ihrer selbständigen Gesetze erscheint selbst nur als List, um sie den menschlichen Bedürfnissen, sei es als Gegenstand des Konsums, sei es, als Mittel der Produktion zu unterwerfen." Marx spricht "von der modernen Naturwissenschaft, die in Verbindung mit der modernen Industrie die ganze Natur revolutioniert und neben anderen Kindereien auch dem kindischen Verhalten des Menschen zur Natur ein Ende macht", das darin besteht, schon die unbearbeitete Natur wie eine Muttergottheit zu verehren. Von irgendeinem Gegner sagt Marx, er "flüchtet vor der geschichtlichen Tragödie, die ihm drohend zu nahe rückt, in die angeblich reine Natur, d. h. in die blöde Bauernidylle und predigt den Kultus des Weibes, um seine eigene weibische Resignation zu bemänteln." Nun ist im Kapitalismus dem Bearbeiter der Natur, der aus den Roh*mater*ialien milch- und honigspendende künstliche Mutterbrust-Äquivalente formt, die spezifische soziohistorische Form seiner Naturbeherrschung und Naturbearbeitung, nämlich unter dem Privateigentum des gottväterlichen Kapitalisten an den Produktionsmitteln, selbst zur *zweiten Natur* geworden, die ihn beherrscht und die er durch eine soziale Revolution seinerseits zu bearbeiten lernen muß wie die erste Natur. Arbeit ist Praxis an der (ersten) Natur, revolutionäre Praxis ist Arbeit an der (zweiten) Natur dieser besonderen Form, in der sich die industrielle Formung der *Mater*ialien zu Brüsten der Mutter Natur vollzieht. Der Arbeiter eignet sich produzierend die Mater-ie an, aber der Kapitalist eignet sich die aus dem Roh*mater*ial geformte Mutter Natur an und genießt die Früchte der proletarischen Arbeit, weil nur ihm die phallischen Produktionsmittel zu eigen sind, mit denen der Arbeiter aus dem *Mater*ial die immer verfügbare und genießbare Mutter Natur herstellt. Marx erkannte, "daß die Gesetze der Ökonomie in aller plan- und zusammenhanglosen Produktion den Menschen als objektive Gesetze, über die sie keine Macht haben, entgegentreten, also in Form von Naturgesetzen." Das sind die Gesetze der zur zweiten (Mutter) Natur gewordenen Formen, in denen wir unsere eigene Natur äußern, die Selbsterhaltungstriebe, die uns zu Feinden werden, an der Außennatur befriedigen.

„Die Neigung der Neuzeit geht vielmehr dahin, die Vorgänge der Menschheitsgeschichte auf versteckttere, allgemeine und unpersönliche Momente zurückzuführen, auf den zwingenden Einfluß ökonomischer Verhältnisse ... " Freud wies darauf hin, "wie unmöglich es ist, den persönlichen Einfluß einzelner großer Männer auf die Weltgeschichte zu leugnen, welchen Frevel an der großartigen Mannigfaltigkeit des Menschenlebens man begeht, wenn man nur Motive aus materiellen Bedürfnissen anerkennen will." Das ist, mit wie wenig Recht auch immer, auf Marx gemünzt, diesen father to end all fathers. Der *große Mann* war für S. Freud immer eine Vaterfigur wie z.B. Moses. Der Patriarch Freud warf dem Patriarchen Marx vor, die Rolle des Vaters, also des Über-Ichs, zu unterschätzen. Zu Unrecht: im 'Kapitalisten' wollte Marx den Vater treffen. Und hinter den "materiellen Interessen" sah er durchaus die mater-iellen Bedürfnisse nach *Magna Mater*.

"In Hegels Geschichtsphilosophie, wie in seiner Naturphilosophie, gebiert der Sohn die Mutter, der Geist die Natur ..." (aus: „Die Heilige Familie"*)*. Als "ökonomische Trinität" führte Marx ein: *Monsieur le Capital, Madame la Terre* und den proletarischen Erdensohn. Man sieht, daß Mutter Natur wie im Christentum die Rolle des Heiligen Geistes spielt, gegen den man nur die Todsünde begehen kann. Nach Freud war Moses ursprünglich der aristokratische Anhänger des ägyptischen Pharao Echnaton gewesen, des Ur-Ödipus, der von 1375 bis 1358 v. Chr. die Erinnerung an seinen (homophilen?) Vater Amenophis III. auslöschen wollte und in der Sonne fast naturwissenschaftlich die geistige Quelle allen Lebens verehrte, gegen alle magische

"Allmacht der Gedanken" aus der primär-narzisstischen Symbiose mit der frühen Mutter heraus. Mit dem Sonnenkult der Aton-Religion führte Echnaton ein universales und rationales Prinzip ein gegen alle animistischen Lokalgötter. Marx lehnte im Monotheismus den rationalisierten Polytheismus der vielen Naturtriebe ab.

Hegel wollte er vom Kopf auf die Füße zurückstellen. Im Idealismus mache der Erdensohn diese Mater-ie zu(seine)r Mutter, um sie wieder zu verschlingen. Daß bei Hegel der Sohn vom Vater gezeugt wird, unterschlägt er. Seine dialektische Triade kommt aus ohne väterliche Triangulierung des Verhältnisses zwischen Erdensohn und Mutter Natur. These: Mutter Natur. Antithese: Entfremdung des Erdensohnes von der Mater-ie durch Entwöhnung und Inzesttabu. Synthesis: Wiedervereinigung, Ver-söhn-ung von Erdensohn und Mutter Natur, vermittelt durch genitale Werkzeuge (Bearbeitung von Mutter Natur und entmannende Enteignung des die beiden trennenden kapitalistischen Vaters). Dieser Atheismus ist matriarchalisch. Das kapitalistische Patriarchat ist notwendige Durchgangsphase, um Macht über Mutter Natur zu gewinnen. Diese Macht übernimmt der Erdensohn als Erbe. Ziel ist aber nicht die Identifikation mit dem Vater, sondern mit Mutter Natur selbst, also nicht Inzest. Sein Wesen ist, was er immer gewesen ist, ein Stück (der produktiv-fruchtbaren Mutter) Natur, und die Materie humanisiert sich zur Mutter Humuserde.

Diese 'Identifikation mit dem Aggressor', der in der frühen Kindheit überwältigenden Mutter, eignet sich ihre Macht an. Trennung von ihr, das Prinzip Vater, ist böse und macht böse und Angst: Die getrennte ist die böse Mutter. Der marxistische Mensch der Zukunft wird selbst diese frühe, als phallisch phantasierte Mutter : Produktion als Selbstzweck, so unsterblich wie ihre produziert-konsumierten Kinder vergänglich.

Hatte der exzessive Atheismus des Trierer Bürgers Karl Marx (1818-1883) eine Ursache in der Konversion des zeitlebens verachteten Vaters Heinrich, eines zwischen französischer Aufklärung und preußischer Monarchie schwankenden Advokaten, zum Protestantismus um der beruflichen Karriere Willen? Der zeitlebens von seinem Unternehmerfreund Friedr. Engels "pekuniär gesäugte" (Arnold Künzli) "Mohr" haßte die als zu geizig erlebte Mutter und verachtete den weichen Vater, der ihn vergötterte. Hielt der tyrannische Liebling der Eltern sich für Gottes eingeborenen Sohn, der die proletarischen Gotteskinder, die geringschätzten "Knoten und Straubinger", aus der kapitalistischen Gefangenschaft und dem Tanz ums Goldene Kalb des Mammons zu befreien versprach in einer revolutionär säkularisierten Apokalypse? War seine Spielart des *Mater*ialismus Reaktion auf die Enttäuschung an der Religion der Väter? Marx sah das menschliche "Gattungswesen" gefesselt in repressiven Formen der Befriedigung seiner fundamentalen Urform, der Selbsterhaltungstriebe der bedürftigen Kreatur.

Über Marx, für wie gegen ihn, scheint alles gesagt. Wer ihn wieder zum Sprechen bringen will, muß eine neue Lesart gegen den Strich erfinden. Sein Denken ist heruntergekommen zur zuchthausgeschlossenen Weltanschauung, zur Gesinnungsplakette und Universaldechiffriermaschine für alle Welträtsel, zum machtpolitischen Legitimationsinstrument jeder Nomenklatura, zum terroristischen Alibi, zum Antichrist-Sündenbock scheinheiliger Gegner, zu dem naturwissenschaftlich-positivistisch abgesegneten Geschichtsfatalismus und zum ideologischen Deckmantel seines Gegenteils. Im Osten wurde dieses Denken selbst Teil von Produktionsverhältnissen, welche die Produktivkraftentfaltung eher behinderten als förderten. Im Westen hielt es her als Kronzeuge gegen seine eigene Realisierung, gegen die es gern in Schutz genommen wird. Hatten Frankreichs *nouveaux philosophes* das Kind mit dem Bad ausgeschüttet, als sie unter dem Eindruck des Archipel Gulag und der Mairevolte von 1968 dann Lenin mit Stalin, Marx mit Lenin, Hegel mit Marx, Kant mit Hegel etc. als „maitres penseurs" des machiavellistischen Machtdenkens abkanzelten, einer *Barbarei mit menschlichem Antlitz*, auch auf die Gefahr hin, dem rechten Widersacher in die Hände zu spielen, der es eh ja immer schon gewußt hatte? Zeigte sich in Ostblockstaaten, was der Marxismus seinem innersten Wesen nach wert oder wozu er mißbrauchbar ist? Überlebt der Marxismus sich selbst? Nachdem die ökonomischen Prognosen des Marxismus nicht ohne Mühe als erfüllt ausgegeben werden können, wird vom 'wissenschaftlichen Sozialismus' im Westen fast nur noch so etwas wie die humanistische Entfremdungstheorie des jungen Marx übrigbehalten und gegen manche Mängel des "Kapitals" ausgespielt. Die Existenz roter Parteien bezeugt wie die der christlichen Kirche nicht einmal mehr eine „Parusieverzögerung" im Anbruch des verheißenen Gottesreiches. Entfremdung ist Entfernung vom vertrauten Ursprung, vom Heimischen und vom eigens Gewohnten. Keine Heimat ohne Kindheit. Von daher ist der gelebte Kern jedes Entfremdungsgefühls die Vertreibung aus dem Paradies, die Erinnerung an das Goldene Zeitalter der frühen Kindheit. Meint nicht auch bei Marx Entfremdung ursprünglich so etwas wie Entwöhnung von der Mutterbrust? (Aber ist nun die berüchtigte Selbst-Entfremdung eine Entfremdung von der frühen primär-narzisstischen Mutter-Kind-Zweieinheit oder psychotische Entfremdung in diese Symbiose hinein? Ist das 'wahre Selbst' jenes, das in seliger Einheit mit Mutter Natur lebte, oder jenes, das sich von ihrer Fessel befreite zur Selbständigkeit? Ist also die Aufhebung der Entfremdung Emanzipation oder Regression?)

Dieser Versuch von so etwas wie einer Psychoanalyse des Marxismus, nicht des Karl Marx und nicht seiner Anhänger oder Gegner, unterstellt der manifesten theoretischen und praktizierten Form des Historischen Materialismus, selbst nicht ganz frei zu sein von jenen (Ir-)Rationalisierungen unbewußter Phantasien, die er als Ideologien zu entmystifizieren beansprucht. Sicher ist das Bewußtsein nur bewußtes Sein, aber ist das Sein nicht oft auch nur unbewußt gewordenes Bewusstsein?

Ökonomie ist psychologisch das organisierte Verhältnis von Ich/Selbsterhaltungs-Trieben und Realitätsprinzip. Sie knüpft an die orale Urform der Liebe an, mater-ielle Ernährung und Gesäugtwerden. Zwischen dem psychophysisch hilflosen Säugling und der gesellschaftlichen Bearbeitung einer gleichgültigen bis feindselig übermächtigen Natur entwickelte sich dann als spezifisch humane soziohistorische Errungenschaft die Familiarisierung der Menschen, die Marx in auffälligster Weise peripherierte. Die moderne Anthropologie sieht die Familie konstituiert mit der Verwandlung des homophilosophisch jagenden Mannes zum Vater, der durch das Tochter-Inzesttabu gebunden ist, während der Mutter-Sohn-Inzest bereits prähuman verboten war bei den Hominiden. Zu Hause bearbeitet die Mutter den künftigen Bearbeiter der Mutter Natur draußen. Da Marx die familiale Form der Reproduktion der Produzenten verdrängte aus seiner Analyse der soziohistorischen Selbsterzeugung des Menschen durch die gesellschaftliche Produktion von Lebensmitteln, können wir erwarten, daß dieses Verdrängte seine expliten Befunde systematisch verzerrt und unvermerkt auch seine Rezeption verfälschend mitsteuert, bei Bewunderern nicht weniger als bei Widersachern, in Ost und West. Das verleiht dem Hilfsinstrument einer freudianischen Exegese ihre Legitimation, im Interesse größerer Selbstverdeutlichung des *wissenschaftlichen Sozialismus*, nicht seiner bloßen De(kon)struktion durch psychologistischen Reduktionismus. Die durch Projektion verdrängter Gehalte belastete Theorie der sozialen Produktion muß lernen, sich selbst noch besser zu verstehen. Letztlich wollen wir nur einige Schritte weit Freuds einzigem Vorbehalt gegen den Sozialismus nachgehen, er unterschätze die Macht des kollektiven Über-Ich in der Geschichte. Spätestens seit 'Totem und Tabu' wissen wir, wer oder was auf die Machthaber projiziert wird, wer oder was auf die beackerte Natur. Marx sah nur einen Weg, das kollektive Überich zu überlisten, das Freud fürchtete: Eine Revolution ist unmöglich, die den Menschenkindern nicht den Elternmord erspart, den sie in diese Umwälzung mit hineinsehen müssen. Bei Marx nun nehmen die Naturgesetze der Geschichte selbst den Erdensöhnen den bösen Vatermord ab. Jedes Erzeugnis von Arbeit wird potentielles Rohmaterial und Werkzeug zur Produktion neuer Gebrauchswerte: Wenn die Natur als weiblich phantasiert ist, macht der Erzeuger die Tochter der Mutter zur Mutter einer neuen Tochter, also die Arbeit an Mutter Natur in dem Maße (wieder) zum Inzest, in dem sie humanisiert wird. Was phantasiert Marx „eigentlich" als klassenlos vaterlose Gesellschaft?

Der proletarische Erdensohn macht sich produzierend zur Mutter der Mutter Erde, identifiziert sich überbietend mit der Übermacht der Natur, deren Gesetze er für sich ausnutzt. Er macht den weiblichen Rohstoff der Welt zur Mutter Natur,

indem er mit dem Roh*material* eine Tochter erzeugt, eine jungfräulich reine Natur, die er wieder
zur Mutter neuer Tochterprodukte macht. Marx läßt
keinen Zweifel daran, daß im Grunde Mutter Natur
aus dem phallischen Instrumentarium des Erzeugers
das neue Produkt macht, ihr Kind. Der Erzeuger
macht aus der Mater-ie Mutter Natur, indem er sie
zur Mutter Natur 'seiner' Kinder macht. Der Erdensohn begeht also, wo er mit diesem Roh*material* den
Mutterinzest vollzieht, als Vater seiner Produkte,
aus denen er neue Produkte erzeugt, zugleich den
Tochterinzest. Dieser Doppelinzest des als männlich
phantasierten Proletariers mit der Natur als sein
eigener verdrängter Vater, auf der gleichzeitigen
Grundlage einer Identifikation dieses Sohnes mit der
frühen phallischen Mutter, zu der der Sohn auf-
wächst, nachdem er zuvor vor dem kastrationsdro-
henden Vater zum homophilen kleinen Mädchen
geworden war : Ist das der Urtraum des Karl Marx
und der Marxisten? Bringt dieser Erdensohn sich
selbst hervor, indem er die Tochter zur Mutter und
die Mutter zur Tochter macht – im Umweg über die
Weltherstellung nach seinem Bilde? Es ist klar, daß
der Vaterphallus inzest-tabuierend steht zwischen
Mutter und Sohn, Vater und Tochter. Der Phallus
des Feudalherrn war noch als ein Leibeigener an
seine Person gebunden. Erst der des Kapitalisten ist
als Produktionsmittel von seiner Person ablösbar
und verdinglicht, entfremdet.

   Der Produzent objektiviert sich in seinen
Kindern, die sich von ihm ablösen und die er in

Identifikation und Inzest wieder anzueignen sucht. Anders als Hegel will Marx dabei die 'Gegenständlichkeit' der Mutter Natur nicht 'aufheben', indem er sie sich einverleibt. Sie muß als ein Gegenüber gerade stehen bleiben, um für den Erdensohn ganz da und verfügbar zu sein, ihm zu Willen und zu Diensten. Habe ich sie nur zum Fressen lieb, wäre sie rasch ganz aufgebraucht. Sie muß Produktivkraft bleiben, als bloßes Konsumgut verschwände sie im Magen. Ich bin nicht meine Mutter, sie ist nicht ich, also kann sie immer ganz für mich da sein. „Religion hindert die Armen, die Reichen umzubringen."
(Napoleon Bonaparte)

Besteht die 'Entfremdung' darin, daß sie mehr da und wert ist für den Vater als fürs Kind, versorgend wie besorgend? Das mater-iell Gegebene ist für den Sohn an den Vater immer schon vergeben, und beide sind eifersüchtig aufeinander. Während bei Hegel der Vater sich in den Sohn und der Sohn in Mutter Natur fortpflanzt, will Marx den Vater eliminieren durch dessen Selbstkastration. Der Sohn erzeugt Mutter Natur, indem er mit ihr zeugt; Mutter Natur erzeugt den Erdensohn; also erzeugt der Sohn sich selbst – über die bearbeitete Natur. Kurz: Macht der Arbeiter bei Marx nicht genau das mit und aus der Natur, was bei Hegel das (biblisch verstandene) Erkennen tut?

Fritz J. Raddatz nahm Marx in seiner Biographie in Schutz : Sein Antitheismus sei nur Antikapitalismus gewesen. Uns scheint, das Gegenteil sei der Fall : Sein Antikapitalismus war nur eine

Form seines A(nti)theismus gewesen. Die Revolution war gerichtet gegen die säkularisierte Religion
der Väter, gegen das *Prinzip Vater*. Die klassenlose
war als vaterlose Gesellschaft gedacht von kommunistischen Geschwisterhorden allein und all-eins mit
der guten Mutter Natur, versorgend wie besorgend.
Der DIAMAT war ein Matriarchat gewesen : Marx
wollte nicht den Kapitalisten im Vater treffen, sondern den Vater im Kapitalisten. Die Herrschaft des
Vaters über den Sohn, also des Menschen über den
Menschen, des Mannes über den Mann, ist ersetzt
durch Herrschaft des Sohnes über Mutter Natur
durch Überidentifikation mit ihr und ihren Eigenge-
setzen, deren Narzissmus der Sohn für sich ausnutzt.
Die Herrschaft über Mutter Natur durch Aneignung
ihrer Allmacht und ihrer Produktivitätsfruchtbarkeit
bleibt an sie gebunden, wo nur die kapitalistische
Herrschaft des Vaters über die Herrschaft des Sohnes über Mutter Natur aufgehoben wird. Auch der
Marxismus verwirklicht nur die Homophilosophie
der Neuzeit. Vor Hegels Idee des Vaters sind Mutter
und Sohn gleich: Natur, Naturmacht, welche Naturstoff formt. Die „Dialektik der Aufklärung" besteht
ja gerade darin, daß der Begriff vom Objekt selbst
Objekt des Begriffs wird. Die Idee, die der Arbeiter
in seinem Stoff verwirklicht, ist die des Kapitals, ist
das Kapital selbst die absolute Idee. Das falsche
Klassenbewußtsein des Proletariers bestehe darin,
die Selbstverwertungsbedürfnisse des Kapitals für
seine ureigensten Bedürfnisse zu halten, den besonderen Gebrauchswert seiner Arbeitsprodukte mit

deren allgemeinem Tauschwert zu verwechseln. Lust ist nicht mehr, wie in Schopenhauers „Metaphysik der Geschlechtsliebe", ein Arterhaltungstrick, sondern Trick zur Selbsterhaltung dieser Art von Produktionssystem. – Vom Kopf auf die Füße?

„Ohne Köpfen geht das Ding nicht."

Der Vater ist tot, es lebe die Mutter Sozialstaat! Heute äußert sich die Herrschaft der Mutter Natur über den Menschen in der Herrschaft des Menschen über die Natur. Die selbsreflexive Beherrschung dieser Naturbeherrschung wäre Sache des abgeschafften Prinzips Vater. So muß der Marxismus vergeblich hoffen auf den die konkurrenzkämpferischen Geschwisterrivalitäten verüberflüssigenden Überfluß an mutternatürlichen Konsumgütern. Die Fesselung an die zweite Mutter Natur überlebt die mater-ielle Sättigung; die Produktivitätsfruchtbarkeit wird zur zweiten Mutter Natur auch im „Sozialismus". Die Ausbeutung bestand hüben wie drüben nicht nur darin, daß der Produzent den Mehrwert für das Kapital erarbeitet, sondern auch für sich selbst: daß er mehr und anderes als das Nötige haben muß, um das Nötige zu haben. Arbeit, subjektiver Geist der Natur, verdummt zu einem Stück blinder Natur vor dem objektiven Geist — des Kapitals oder des getöteten Vaters. Die Logik als Kapital des Geistes erhebt den physischen Zwang zur metaphysischen Notwendigkeit: Nichts transzendiert mehr die Immanenz der Mutter Natur, Kreativität im Joch der Produktivität des Immergleichen. Marx kennt nur die Mathematik der Gesell-

schaft, der homophilosophischen Gesellen, die Brüderlichkeit der Horde, welche sich in den Überfluß
der guten Mutter Erde teilt und doch produktiv-
destruktive Natur bleibt : Produktion als Selbstzweck. Aber erst innerhalb der Familiarisierung des
Mannes zum Vater wird auch Mutter Natur das, was
gibt, ohne daß ihr gegeben wird, Widerstand gegen
die homophilosophische Identitätslogik des Äquiva-
lententauschs, gegen das anale Gleich um Gleich:
Die Ungerechtigkeit der Liebe zum Besonderen statt
des gerechten Tauschs von Leistung gegen Verdienst. Der allgemeine Begriff vom besonderen
Objekt ist heute allgemeines Objekt eines absonder-
lichen Begriffs, das Objekt noch nicht Begriff seines
Begriffs, der Begriff noch nicht Objekt seines Ob-
jekts. In seiner "Wahrheit der psychoanalytischen
Erkenntnis" setzte Alfred Lorenzer seine materialistische Sozialisationstheorie auf diese eine Karte:
Auch die *interaktionistische Einigung* von Mutter
und Kind ist eine (immerhin wechselseitige) Bearbeitung der inneren Natur von beiden, sobald sie
sich aus ihrer psycho-physischen Symbiose heraus-
differenziert haben, ist Produktion und Technik, also
vormenschlich unmenschlich konzipiert. Der Arbeiter Wilhelm Weitling schloß den Manifest-Entwurf
des „Bundes der Gerechten" mit: „Alle Menschen
sind Brüder". Marx präzisierte: Proletarier aller
Länder, vereinigt euch! Vater Staat stirbt von selbst
ab, der Vater im Staat, doch nicht der Staat im Vater, Schiedsrichter aller Differenz(ierung)en.

ERZEUGNISSE, WERKZEUGE und die ZEUGUNG DER NACH KÖPFEN GEZÄHLTEN

Wenn wir den Marxismus immer neu aufheben müssen, dann nicht, um ihn zu überwinden durch Positionen, die nur hinter ihn zurückfallen auf die Ebenen, zu deren Überwindung er ja gerade angetreten war. Theologie und Pragmatismus, technokratischer Positivismus, Kommunitarismus, Neue Naturfrömmigkeit, Sozialutopismus, bürgerinitiativer Partizipationalismus, kritischer Rationalismus, Systemtheorie etc. etc. sind, wo sie nicht von vornherein reaktionär auftreten, ohne linke Perspektive von bürgerlicher Ideologie integrabel. Den Marxismus proletaristisch aufheben heißt, seine staatspolitisch-administrative Gestalt diskreditieren, seine Grundgedanken immer neu rekonstruieren und sein Zurück zur Zukunft auf die Ebene der je gegenwärtigen Systembedingungen retten, ihn also um seine jeweilige Geschichte bereichern, statt seine reine Wahrheit vor seiner Realisierung bewahren, aber auch seine Geschichte nicht vor seiner Wahrheit retten. Seine Diagnose war stets triftiger gewesen als die sozialistische Therapie. Solange die Philosophie nicht durch Verwirklichung aufgehoben ist, ist der Proletarismus eine Meta-Physik to end all metaphysics und die von ihm postulierte Einheit von Theorie und Praxis eine bloße Theorie, wenn nicht Theologie.

Unterziehen wir also einige zentrale Begriffe des Historischen Materialismus einer erneuten Überprüfung, die Konsequenzen haben könnte für den Reflexionsstand der Neuen Überwinterungslinken. — Der wissenschaftliche Sozialismus will die Herrschaft über den Menschen durch Herrschaft über die Natur ersetzen. Untersuchen wir also aufs Neue das Verhältnis des Menschen zur Natur. Erstens geht ja das Verhältnis der Menschen zueinander über ihr Verhältnis zur Natur, zum anderen ist das menschliche Naturverhältnis der Wechselbeziehung von Menschen nachgebildet - wir verhalten uns zur Natur wie zu Menschen - und drittens ist nach Marx der Mensch selbst ein Naturwesen durch und durch. Programm ist die Humanisierung der Natur als eine Naturalisierung des Menschen, Rationalisierung der Sinne als Versinnlichung des Sinns. Ist für Marx der Mensch jenes ausgezeichnete Naturwesen, dessen Natur darin besteht, zu seiner wie jeder Natur ein leidend leidenschaftliches Verhältnis zu unterhalten, dann können wir uns beschranken auf das Studium der menschlichen Naturbeziehung, unter kapitalistischen wie auch unter utopischen Bedingungen. Im Zentrum steht der Naturbegriff, da die Geschichte und Gesellschaft für Marx Formen des Selbstverhältnisses der Natur sind. Der Begriff der Natur soll die Natur des Begriffs zeigen, die Materialität der Idee als Idealismus materieller Erfüllung. Im Arbeitssklaven macht Natur sich zu ihrem eigenen Arbeitsmaterial.

"Der Mensch verliert sich nur dann nicht in seinem Gegenstand, wenn dieser ihm als menschlicher Gegenstand oder gegenständlicher Mensch wird. Dies ist nur möglich, indem er ihm als gesell-

schaftlicher Gegenstand und er selbst sich als gesell-
schaftliches Wesen, wie die Gesellschaft als Wesen
für ihn in diesem Gegenstand wird." "Also die Gesellschaft ist die vollendete Wesenseinheit des Menschen mit der Natur, die wahre Resurrektion der
Natur, der durchgeführte Naturalismus des Menschen und der durchgeführte Humanismus der Natur." Also der Erdensohn soll eins werden mit Mutter Natur und diese ihr eigenes Menschenkind sein.
Wo eine Resurrektion der Natur nötig ist, ihre Wie-
derauferstehung und Wiederaufrichtung, da muß sie
gefallen sein wie ein Mädchen. Wird der Mensch
seine eigene Mutter Natur, dann bringt er sich selbst
hervor, und genau das will Marx zeigen : Die Geschichte wird Dauer der Schwangerschaft des Menschen mit sich selbst, der in der gesellschaftlichen
Arbeit an der Materie diese zur Mater-ie macht und
in ihr sich selbst wie einer Mutter Natur gegenübersteht. "Indem aber für den sozialistischen Menschen
die ganze sogenannte Weltgeschichte nichts anderes
ist als die Erzeugung des Menschen durch die
menschliche Arbeit, als das Werden der Natur für
den Menschen, so hat er also den anschaulichen,
unwiderstehlichen Beweis von seiner Geburt durch
sich selbst, von seinem Entstehungsprozeß." Das
menschliche Subjekt "schafft, setzt nur Gegenstände, weil es durch Gegenstände gesetzt ist, weil es
von Haus aus Natur ist."

Der arbeitende Mensch also setzt die Mutter
Natur in die Welt, die ihn in die Welt gesetzt hat,
das Produkt kommt aus ihm, der aus der Natur

kommt. Entscheidend ist, daß die unwirtliche Welt erst durch Arbeit zum sozialen Uterus einer nährend schützenden Mutter Erde gemacht werden muß, aus der ein Mensch als Mensch geboren werden kann. Indem die Arbeiter in *lockerer Assoziation* die sperrige gleichgültige Materie zur mütterlichen Mater-ie machen, wird ihre Arbeit zur Mutter der Mutter Natur, die zum Kind ihrer Kinder wird.

Was die Arbeiter nach dem Sieg über die kapitalistischen Weltherrn noch eint, ist keine gemeinsame religiöse Gotteskindschaft, sondern die Naturkindschaft, ihre gemeinsame Abkunft von derselben Mutter Erde statt vom selben Vater im Himmel. Dazu ist das gleichgültig bis fremde bis feindselige Sein aber zuvor zur bergend-versorgenden Mater-ie zu machen, zum Arbeits*mater*ial.

Diese Materie aber zur Mutter Natur machen heißt, sie erst Gottvater, dann den kapitalistischen Usurpatoren zu entreißen. Die Aneignung der Natur ist also doppelte Aggression – gegen das Sein wie gegen dessen Herren, also nichts als Raubbau.

"Wenn er sich also zu dem Produkt seiner Arbeit, zu seiner vergegenständlichten Arbeit, als einem fremden, feindlichen, mächtigen, von ihm unabhängigen Gegenstand verhält, so verhält er sich zu ihm so, daß ein anderer, ihm fremder, feindlicher, mächtiger, von ihm unabhängiger Mensch der Herr dieses Gegenstands ist." Es *gibt* Sein: Mutter Natur ist an Gottvater und seine Statthalter und Erben vergeben für die Erdensöhne. Unter kapitalistischen Bedingungen des 'Patriarchats' wird die Arbeit zur

Religion : "Je mehr der Mensch in Gott setzt, je weniger behält er in sich selbst." Marx trennt zwischen der Arbeit, die die Materie zur Mutter Natur des Menschen macht, und der revolutionären Praxis, welche diese Mutter Erde dem Vater im Himmel und seinen irdischen Vertretern entwindet. Psychologisch gesprochen, also seelisch erlebt wird das so, dass eine archaisch omnipotente, oralsadistisch verschlingende, analsadistisch festhaltende und kontrollierende, phallische Muttergottheit der Frau Welt solange vereint bearbeitet wird durch analsadistische Formungen und Abgrenzungen der *ouvriers*, bis sie eine gute, verständige und verständliche, einhüllendpflegende Mutter Natur ist, die für das Menschenkind da ist und nicht als unwilliger Gegen-Stand ihm widersteht. Gerade diese mütterliche Materialität der vormals grausam übermächtigen Natur aber ist es, welche ihre kapitalistischen Gatten für sich beanspruchen und den proletarisierten Erdensöhnen stets kastrationsdrohend vorenthalten.

Dieselbe Arbeit, welche die Materie zur Mater-ie macht, liefert sie den phallischen Produktionsmitteln der Herren über Frau Welt und ihre Kinder aus. Die *nach Köpfen gezählten* Proleten erzeugen ja eine menschliche Natur und erleben "die Zeugung als Entmannung", als "eine Arbeit der Selbstaufopferung, der Kasteiung". Psychologisieren wir nur? "Man sieht, wie die Geschichte der Industrie und das gewordne gegenständliche Dasein der Industrie das aufgeschlagene Buch der menschlichen Wesenskräfte, die sinnlich vorliegende menschliche Psychologie ist ... "

Wir versuchen nur zu zeigen, wie die industriell externalisierte Psychologie des Menschen rückverinnerlicht wird von den arbeitenden Individuen, wie Sartre sagen würde.

"Der Mensch ist unmittelbar Naturwesen. Als Naturwesen und als lebendiges Naturwesen ist er teils mit natürlichen Kräften, mit Lebenskräften ausgerüstet, ein tätiges Naturwesen; diese Kräfte existieren in ihm als Anlagen und Fähigkeiten, als Triebe; teils ist er als natürliches, leibliches, sinnliches, gegenständliches Wesen ein leidendes, bedingtes und beschränktes Wesen, wie es auch das Tier und die Pflanze ist, d. h. die Gegenstände seiner Triebe existieren außer ihm, als von ihm unabhängige Gegenstände; aber diese Gegenstände sind Gegenstände seines Bedürfnisses, zur Betätigung und Bestätigung seiner Wesenskräfte unentbehrliche, wesentliche Gegenstände. Daß der Mensch ein leibliches, naturkräftiges, lebendiges, wirkliches, sinnliches, gegenständliches Wesen ist, heißt, daß er wirkliche, sinnliche Gegenstände zum Gegenstand seines Wesens, seiner Lebensäußerung hat oder daß er nur an wirklichen, sinnlichen Gegenständen sein Leben äußern kann. Gegenständlich, natürlich, sinnlich sein und sowohl Gegenstand Natur, Sinn außer sich haben oder selbst Gegenstand, Natur, Sinn für ein drittes sein, ist identisch." (Aus: „Philosophisch-Ökonomische Manuskripte von 1844")

Dieser Dritte zwischen Erdensohn und Mutter Natur ist der kapitalistische Gottvater. "Ein Wesen, welches seine Natur nicht außer sich hat, ist kein natürliches Wesen, nimmt nicht teil am Wesen der Natur. Ein Wesen, welches keinen Gegenstand außer sich hat, ist kein gegenständliches Wesen. Ein Wesen, welches nicht selbst Gegenstand für ein drittes Wesen ist, hat kein Wesen zu seinem Gegenstand, d. h. verhält sich nicht gegenständlich, sein Sein ist kein gegenständliches." Warum *drittes Wesen*, wenn gerade von zweien die Rede war, vom Menschen und seinem Gegenstande? Ist der Gegenstand, den ich notwendig als gegenständliches Wesen habe, ein anderer als derjenige, für den ich Gegenstand bin? Daß hier der Gegenstand, das Zweite neben mir, drittes Wesen genannt wird nur, weil er in einer dritten Hinsicht betrachtet wird, scheint mir eine Rationalisierung, die eine Freudsche Fehlleistung kaschiert und enthüllt. Wahrscheinlicher ist, daß hier ur-dialektisch der Weg vom primärnarzisstischen Monismus über den Mutterkind-Dualismus zu der Mami-Papi-Ich-Triade abgeschritten wird:

„Ein ungegenständliches Wesen ist ein Unwesen. Setzt ein Wesen, welches weder selbst Gegenstand ist noch einen Gegenstand hat. Ein solches Wesen wäre erstens das einzige Wesen, es existierte kein Wesen außer ihm, es existierte einsam und allein. Denn sobald es Gegenstände außer mir gibt, sobald ich nicht allein bin, bin ich ein andres, eine andre Wirklichkeit als der Gegenstand außer mir. Für diesen 3ten Gegenstand bin ich also eine andere Wirklichkeit als er, d. h. sein Gegenstand ..."

Ist der dritte Gegenstand Mutter Natur oder der kapitalistische Gottvater? Im ersten Falle ist das zweite Wesen die Mutter Natur, sofern ich sie zum Gegenstande habe, drittes Wesen aber, sofern ich ihr Gegenstand bin. Im zweiten Fall bin ich Gegenstand des Patriarchen, sofern ich Mutter Natur, seine Gattin, zum Objekt meiner (inzestuösen oder präödipalen) Wesenskräfte mache. Je nachdem, ob ich Gegenstand bin oder ihn habe, bin ich leidend oder leidenschaftlich: "Sobald ich einen Gegenstand habe, hat dieser Gegenstand mich zum Gegenstand ... Sinnlich sein ist leidend sein. Der Mensch als ein gegenständliches sinnliches Wesen ist daher ein leidendes und, weil sein Leiden empfindendes Wesen, ein leidenschaftliches Wesen. Die Leidenschaft, die Passion ist die nach seinem Gegenstand energisch strebende Wesenskraft des Menschen ... denn das Leiden, menschlich gefaßt, ist ein Selbstgenuß des Menschen".

"Ein Wesen gilt sich erst als selbständiges, sobald es auf eignen Füßen steht, und es steht erst auf eignen Füßen, sobald es sein Dasein sich selbst verdankt. Ein Mensch, der von der Gnade eines andern lebt, betrachtet sich als ein abhängiges Wesen. Ich lebe aber vollständig von der Gnade eines andern, wenn ich ihm nicht nur die Unterhaltung meines Lebens verdanke, sondern wenn er noch außerdem mein Leben geschaffen hat, wenn er der Quell meines Lebens ist, und mein Leben hat notwendig einen solchen Grund außer sich, wenn es nicht meine eigne Schöpfung ist ... Nun ist es zwar leicht, dem einzelnen Individuum zu sagen, was Aristoteles schon sagt: Du bist gezeugt von deinem Vater und deiner Mutter, also hat in dir die Begattung zweier Menschen, also ein Gattungsakt der Menschen den Menschen produziert. Du siehst also, daß der Mensch auch physisch sein Dasein dem Menschen verdankt. Du mußt also nicht nur die eine Seite im Auge behalten, den unendlichen Progreß, wonach du weiter fragst: Wer hat meinen Vater, wer seinen Großvater etc. gezeugt? Du mußt auch die Kreis-bewegung, welche in jenem Progreß sinnlich anschaulich ist, festhalten, wonach der Mensch in der Zeugung sich selbst wiederholt, also der Mensch immer Subjekt bleibt."

Die geschichtliche *Selbsterzeugung des Menschen* bedeutet, daß ich in der Arbeit an der Natur zur Mutter meiner Mutter Erde werde und die Mater-ie zum Kind ihrer Kinder wird. Indem ich mein Produkt hervorbringe, schaffe ich mich selbst; ich zeuge in der Natur mich selbst und die Natur, mache sie zu meiner Mutter, die mich gemacht hat. "Der Gegenstand der Arbeit ist daher die Vergegenständlichung des Gattungslebens des Menschen: indem er sich nicht nur wie im Bewußtsein intellektuell, sondern werktätig wirklich verdoppelt und sich selbst daher in einer von ihm geschaffenen Welt anschaut." Nun betrachtet er sich mit den Augen seiner Produkte und genießt den 'stillen Glanz im Auge der Mutter' Natur, zu der er die rohe Materie geformt hat – nach dem Bilde seiner leiblichen Mutter (sobald sie vom Absoluten einer kosmischen

Umweltmutter herabrelativiert ist zu einem sterblichen, bedürftigen, fehlbaren Glied der Gesellschaft u. a). Diese alte Frau, seine leibliche Mutter, ist embryonaler Keim, aus dem der soziale Welt-Uterus herausgearbeitet werden soll. Ich stelle in Zusammenarbeit mit meinen Geschwistern unsere Mutter (wieder) her, bewundere mich in ihren bewundernden Augen und genieße ihre Anerkennung: Die Arbeit der Magie macht den Umweg über den Narzißmus der Arbeit : „Unsere Produktionen wären ebenso viele Spiegel, woraus unser Wesen sich entgegenleuchtete."

Aber meine Geschwister und ich sind nicht allein und damit nicht all-eins mit Mutter Natur, die wir aus dem rohen Stein hauen und beseelen. Sobald sie unter unseren Händen zu leben beginnt, ist sie uns auch schon weggenommen, sind wir ihrer Brüste entwöhnt, werden wir von ihr abgenabelt : *Als* Mutter Natur ist sie Gottvater, ihrem Gatten, vorbehalten, wir sind nie ein Fleisch mit ihr. Das Inzestverbot schiebt sich recht kastrationsdrohend zwischen die Vereinigung der Erdensöhne und der Mutter Natur. Wir waren unsere eigenen Eltern und haben unsere Mutter gezeugt und also auch den Status des Vaters mitusurpiert, an den sie vergeben ist, statt sich uns zu geben und hinzugeben. Gottvater bewundert sich in dem Spiegel, den seine Söhne geschaffen haben, die mit leeren Händen übrigbleiben, vertröstet mit Substituten und Surrogaten, die an ihre Flexibilität appellieren, sich mit Überlebensnotwendigem abspeisen zulassen.

Wie eine Mutter ihre Kinder bringt der Arbeiter seine Produkte aus sich hervor, indem er seinen *unorganischen Leib, die Natur* zur Mater-ie macht, sie in die Form einer guten Mutter Natur bringt, die umgekehrt ihn zum Menschenkind macht. So noch ganz allein mit Mutter Erde, ist er all-eins mit ihr gerade, wo er sein Werk aus sich heraus sich gegenüberstellt: Es löst sich von ihm wie das Kind von der Mutter, ohne deshalb aufzuhören, sein Geschöpf zu sein, in dem er sich spiegelt und sein Sein-für-andere.

In seinem Geschöpf erkennt er sich wieder auch dadurch, daß er es mit den Augen derer betrachtet, denen er es vor die Nase gesetzt hat. Ich bin für mich unmittelbar und mittelbar, was ich für andere in dem bin, was ich objektiv getan habe.

"Gesetzt, wir hätten als Menschen produziert: Jeder von uns hätte in seiner Produktion sich selbst und den anderen doppelt bejaht. Ich hätte 1. in meiner Produktion meine Individualität, ihre Eigentümlichkeit vergegenständlicht und daher sowohl während der Tätigkeit eine individuelle Lebensäußerung genossen, als im Anschauen des Gegenstandes eine individuelle Freude, meine Persönlichkeit als gegenständliche, sinnlich anschaubare und darum über allen Zweifel erhabene Macht zu wissen. 2. In deinem Genuß oder deinem Gebrauch meines Produkts hätte ich unmittelbar den Genuß, sowohl des Bewußtseins, in meiner Arbeit ein menschliches Bedürfnis befriedigt, also das menschliche Wesen vergegenständlicht und daher dem Bedürfnis eines andren menschlichen Wesens seinen entsprechenden Gegenstand verschafft zu haben. 3. für dich der Mittler zwischen dir und der Gattung gewesen zu sein, also von dir selbst als eine Ergänzung deines eignen Wesens und als ein notwendiger Teil deiner selbst gewußt und empfunden zu werden, also sowohl in deinem Denken wie in deiner Liebe mich bestätigt zu wissen, 4. in meiner individuellen Lebensäußerung unmittelbar deine Lebensäußerung geschaffen zu haben, also in meiner individuellen Tätigkeit unmittelbar mein wahres Wesen, mein menschliches, mein Gemeinwesen bestätigt und verwirklicht zu haben."

Hier ist der Dritte noch abwesend, der das wechselseitige Spiegelspiel von mir und dir noch nicht stört, die Interaktionsform der primärnarzisstischen Mutter-Kind-Dyade gleichsam. Ein Schritt weiter, und ich muß mich mit Geschwistern in diese „Aneignung der Natur" teilen. Marx beschreibt den kapitalistischen Äquivalententausch zwischen allen gleichberechtigten Mitgliedern der Geschwisterhorde. Selbst wo der Kapitalist mit seinem Monopol auf Mutter Natur noch gar keine Ungerechtigkeit ins freie Spiel der Kräfte auf dem Markt von Angebot und Nachfrage gebracht hat, entdeckt Marx die ganze Ungerechtigkeit selbst im gerechten Tausch, die Perversion der Gleichheit als Gleichheit der Perversion: Der Arbeiter "produziert die eine Sache, aus Begierde, die andere zu besitzen. Die Produktion dieser Sache ist ihm das einzige Mittel, die andere Sache zu erhalten ...", die der andere produziert in der arbeitsteiligen Gesellschaft. Da er ihn nur zum Tausch benutzt, kann "der Gegenstand seiner Produktion ihm schlechthin gleichgültig sein". Aber auch du bist mir gleichgültig, der du den Gegenstand herstellst, der dir in dem Maße gleichgültig sein kann, als er mir nicht gleichgültig ist. Die Gleichgültigkeit unserer Produkte ist das Geld, welches Inkommensurables kompatibel macht: zehn Eier und ein Taschenbuch sind gleich, weil sie gleich viel kosten. Ich mache mich selbst zum Instrument zur Herstellung von zehn Eiern mit Hilfe einer Hühnerzucht. Diese zehn Eier, die mir gleichgültig sein können, benutze ich als Mittel, das dich zum Mittel macht, für mich ein Taschenbuch herzustellen, das dir nichts bedeutet, aber dein Instrument ist, das umgekehrt mich zum Instrument macht, für dich zehn Eier bereitzustellen: "Ich produziere der Wahrheit nach einen andren Gegenstand, den Gegenstand deiner Produktion ..." „Du giltst mir vielmehr als Mittel und Instrument zur Produktion dieses Gegenstandes, der ein Zweck für mich ist ..." "Als bloßer Mensch, ohne dies Instrument ist deine Nachfrage ein unbefriedigtes Streben deinerseits, ein nicht vorhandener Einfall für mich. Du als Mensch stehst also in keinem Verhältnis zu meinem Gegenstande, weil ich selbst kein menschliches Verhältnis zu ihm habe ... und daher schauen wir wechselseitig unser Produkt als die Macht eines jeden über den ändern und über sich selbst an ..." So habe ich "Bedürfnis, das nicht unmittelbar in dieser Produktion, sondern in der Produktion eines andren seine Vergegenständlichung findet."

Ich erkenne mich in deinem Produkt und dich in meinem Produkt wieder, du findest dich in meinem und mich in deinem Produkt wieder. Hier beschreibt Marx die Entfremdung des gerechten Tausches, nicht erst der Ausbeutung.

" ... dein eigner Gegenstand ist dir nur die sinnliche Hülle, die verborgene Gestalt meines Gegenstandes; denn seine Produktion bedeutet, will ausdrücken: den Erwerb meines Gegenstandes." Hier ist die materialistische Genesis der idealistischen These vom Chorismus zwischen Wesen und Erscheinung : Das Wesen des von mir gemachten Dinges ist das Ding, das ich damit kaufen kann, sein Tauschwert für mich als Gebrauchswert für dich. Das Wesen des Gebrauchswerts ist sein Tauschwert, nicht umgekehrt : verkehrte Welt. Jeder stellt in seinem Produkt eine Mutter Natur her, die er gegen die Mutter des anderen eintauscht und die ihm ganz gleichgültig ist. Genauer: Jeder stellt einen Teil der Mutter Natur her und tauscht Brüste gegen Schoß, Milch gegen Honig. Die unverwechselbar eine Mutter, die jeder hat und ihn unaustauschbar geliebt hat, verschwindet im Begriff "Mutter" : Jeder will seine ganz besondere Mutter Natur, und gerade darin sind alle Materien gleich: gleichgültig, allgemeingültig, substituierbar.

Eine Theorie dieser „zweiten Natur" des Geistes ist ein Materialismus, der ja nicht geistige Reflexionen in körperliche Reflexe auflöst, sondern zeigt, daß diese Auflösung längst geschehen ist und

daß die positivistische Rationalität längst so naturwüchsig wuchert wie vormals der Urwald. Gerade
der im Kapitalismus praktische Vernunft gewordene
Idealismus hatte ja die Einverleibung der Welt durch
den Geist gepredigt, der dadurch zum allverschlin-
genden Weltbauch wurde. Der *wissenschaftliche
Sozialismus* studiert die Gesetze der zweiten Natur
der Kultur, den Sozialcorpus des *objektiven Geistes*,
wie nur die Physik die Gesetze der ersten Natur.

Er ist *Historischer Materialismus,* sofern er
die Geschichte dieser zweiten Natur verfolgt, die
Naturgeschichte des Menschen als seine Vorge-
schichte. Der Marxismus untersucht die dialektische
Beziehung zwischen der ersten Natur materieller
Substratbedingungen und der zweiten Natur der
Produktionsverhältnisse. Folgerichtig beginnt das
"Kapital" mit einer Analyse der Ware als Einheit
von Gebrauchswert (1. Natur) und Tauschwert (2.
Natur). Dabei erweist sich *worth* als Resultat von
work, *value* als Ergebnis von labour. Die „dialektische Vernunft" erlaubt es nun, den „objektiven
Geist" der Produktionsverhältnisse einer Gesellschaft so zum Gegenstand einer formenden Praxis
zu machen, wie die materielle Produktion das Arbeitsmaterial formt, also rationale Herrschaft zu
gewinnen über die zur zweiten Natur gewordene
Formen der Naturbeherrschung, d. h. der Ware die
theologischen Mucken auszutreiben.

Die Naturwüchsigkeit kapitalistischer Naturbeherrschung kann nur von einer Rationalität
beherrscht werden, die nicht identisch ist mit der

positivistisch-analytischen Vernunft der Naturkon-
trolle. Marx hat gerade die Naturgesetze dieser posi-
tivistischen Rationalität untersucht, um die zweite
Natur des technologischen Denkens durch eine dialektische Technologie in den Griff zu bekommen,
die im Bunde mit der grünen Natur der Ökofrömm-
ler steht, aber deren Wald- und Wiesenansicht über
Wald und Wiesen nicht utopistisch verfällt. Er ver-
teidigt die „reine Natur" gegen die technische Rationalität ihrer Ausbeutung dadurch, daß er das Prinzip rationaler Naturbeherrschung ausdehnt auf sich
selbst, denn die industrielle Ratio ist ihm noch viel
zu natürlich. Revolutionäre Praxis bricht ihren Widerstand wie nur die Arbeit den Widerstand des
Produktionsmaterials. Die politische Praxis bearbeitet die Formen technischer Arbeit an der Natur wie
ein Rohmaterial selbst. In diesem und nur in diesem
Sinne bearbeitet der Marxismus den geistigen Überbau, den objektiven Geist der Produktionsverhältnisse wie einen materiellen Gegenstand, also die
kapitalistische Kultur wie einen wilden Rohstoff,
der erst in Form zu bringen ist.

Ist nach Marx aber der Kapitalismus der
rohe Naturzustand der Naturbeherrschung, dann
stellt er gleichsam eine Wiederholung der ins-
tinktungesicherten „physiologischen Frühgeburt"
des Menschen auf der Ebene des Sozialuterus dar.
Die sozialistische Utopie unterstellt, erst die klassenlose Gesellschaft stelle dann jenen Sozialuterus
bereit, den die kapitalistische Produktionsweise nur
ideologisch zur Verfügung stelle. Danach würfe

jeder kapitalistische Uterus die sozialen Frühgeburten, bevor sie durch bewußtes Handeln und rationale Praxis ihr natürliches Naturdefizit gegenüber den Tieren kompensiert hätten, in eine angsterregende Heimat-losigkeit hinein, die ideologisch zur Freiheit verklärt würde. In Wirklichkeit ähnele die Freiheit des Menschen im Kapitalismus der Freiheit des Kleinkindes gegenüber den Tieren. Noch ist die Vertreibung aus dem Uterus nicht der Uterus selbst, eher besteht er in der Vertreibung aus ihm: Als soziale Frühgeburt im Kapitalismus ist der Mensch so wenig determiniert gegenüber dem instinktgefangenen Tier wie der hilflose Säugling, den man sich überließe. Ich bin frei, d. h. von materiellen und kulturellen Voraussetzungen der Selbständigkeit, die mir nur unterstellt wird, um mich verantwortlich machen zu können für mein Scheitern. Um mich zur Rechenschaft ziehen zu können, muß die Freiheit mir supponiert werden. Erst der sozialistische Welt-uterus wäre identisch mit der Welt, in die er mich setzt, der Halt als Freiheit von jedem Halt. Marx studierte die Gesetze des kapitalistischen Sozialkörpers und seiner Organmechanismen, um freie Verfügung darüber zu gewinnen. Die Dialektik ahmt die Bewegung der Natur nach, ihr eigenes Defizit kulturell zu kompensieren, auch und gerade als Mängelwesen der zweiten Natur. Unsere Studie hat sich zum Ziel gesetzt, den rohen Zustand dieser zweiten Natur spätkapitalistischer Frühgeburt des Menschen durch Rekonstruktion einiger Grundgedanken des Historischen Materialismus erneut zu beschreiben, um ihn der sozialen Bearbeitung durch eine Rationalität der Praxis zu empfehlen, die keine bloße Rationalisierung des ganz verdrängten sozialen Geburtstraumas mehr wäre. Dieser Mater-ialismus untersucht den unausgebildeten Körper der Kultur, des in den kapitalistischen Uterus hinausgeborenen Menschen, seine Natur, die darin besteht, das Defizit auch der zweiten Natur des rationellen Geistes triebgehemmt und vernunftpraktisch auszugleichen. Welche kapitalistischen Triebe sind das? Die Leidenschaft des leidenschaftslosen technischen Blicks? Haben (Erich Fromm) oder begriffliches Denken (Adorno)?

Was ist Arbeit? Natürlich zweckrationale Verformung von Materialien, strategisches Handeln als Organisation von Mitteln zur Realisierung objektivierter Ziele. Psychologisch stellt sie eine Form von Triebverzicht dar, und kann nur sekundär mit Funktionslust aufgeladen werden. Sie benutzt Instrumente und ist selber Instrument, Treibbefriedigung durch Triebaufschub. Als Umweg von Wunsch zu Erfüllung stellt sie in Rechnung, daß die Welt, wie sie ist, Nicht-Ich ist, das in dem Maße Ich wird, wie ich mich umgekehrt ins Nicht-Ich verausgabe, ins Gegebene. Urbild des Seins, das für mich ganz da war, ist die gute Mutter, und Arbeit ist genau diese Anstrengung, Materie zur Mater-ie zu machen, mit phallischen Werk-Zeugen aus toten Rohstoffen den Busen der Natur zu bilden, nachzubilden, aus dem Milch und Honig flössen, durch analsadistische Deformation etwas schaffen, was oralkannibalisch einverleibt werden kann. Das Produkt ist geformter Stoff : der Inhalt Erbe der von Muskeln ausgestoßenen Kotsäule oder der inkorporierten Mutterbrust, die Form Nachfahre der mütterlichen Vagina, aus der der Vaterphallus hinausgetrieben ist. Der Arbeiter macht die Materie zur Mater-ie, indem er sich selbst zu Mater-ie macht, zur Mutter seiner Produkte. In der Arbeit tritt der Mensch Mutter Natur, "dem Naturstoff selbst als eine Naturmacht gegenüber." („Kapital" I, Seite 185) Genauer : Die Arbeit macht aus der Materie nicht Mutter Natur, sondern Schoß und Busen der Natur, formt Kotsäulen und GegenStänder, also nur Partialobjekte in arbeitsteiliger Gesellschaft. Erst die Gesellschaft, die Interaktion der Produzenten, synthetisiert sie durch sprachliche Symbolisierung zur Mutter Natur, zu einem Sozialuterus der Menschenkinder, humanisiert sie zu Sozialäquivalenten. Im Kapitalismus ist das Gut eine Ware auf dem Markt, eine Synthese von Gebrauchswert (Busen der Natur) und Tauschwert (Geld als Substitut für Mater-ie). Entwöhnung von der Mutterbrust und Inzesttabu, das Gesetz des Vaters, lenken das Menschenkind von der Mutter auf die Mater-ie ab, auf die Bearbeitung der Materie. Es gibt die Mutter her, die an den kapitalistischen Vater, den Eigentümer phallischer Produktionsmittel, vergeben ist. Es liefert den Elternfiguren zuliebe seine kunstvoll geformten Kotmassen ab und wird mit oralkonsumistischen Gratifikationen abgespeist. Die Ausscheidungsprodukte des Arbeiters sind die Kinder, die der Kapitalist mit Mutter Natur hat, und alle Waren Muttersurrogate. Von daher gesehen ist die Mehrwertabschöpfung Reinlichkeitserziehung und Dressurakt. Die Güter dieser Welt sind Substitute von Bruchstücken der Mutter Natur, Scherben ihres narzisstischen Spiegels.

Das Äquivalenzprinzip der Tauschgesellschaft generalisiert die Konvertibilität aller Dinge, die Substituierbarkeit der einen Materie durch beliebige Materialien. Die Mobilität und Flexibilität der Charaktere macht Libido tendenziell unbeschränkt verschiebbar. Tausch des einen gegen das andere beendet Enttäuschbarkeit am Einen Einzigen, bis das Original zu einem Surrogat seiner Surrogate wird. Das Urbild des Originals : Die urmütterliche Origo, die der Sohn gegen eine andere Frau, die Tochter gegen den Vater in einem anderen Mann herzugeben hat. Erotische Vereinigung wird noch von der Allgemeinheit des Begriffs angerufen, in dem die originäre Zwei-Einheit von Mutter und Kind sehnsüchtig nachklingt und nachträglich erzwungen werden soll als Subsumption des Nicht-Ich unters *Ur-Ich*, das primärnarzisstische Größenselbst der frühesten Kindheit, das reine Lust- und Körper-Ich. Am Ende ist allgemein nur der Ersatz selbst, den jedes logische Urteil formal ausspricht: etwas für etwas anderes halten und nehmen.

S ist nicht P und soll gerade deshalb für P gelten, jedes Material für die *mater-ia prima*. Der Geist des Vaters ersetzt die Ausdehnung der ursprünglichen Leibesfülle durch den Umfang seiner Gleichungen. Nur der Neurotiker will und kann das Selbe nicht gegen das nur Gleiche handeln, in dem er den toten gLeichnam der Mutter ablehnt. I. A. ist die Mutter generalisiert zur Summe weltlicher Güter, und jeder hat sich mit der Grundbefindlichkeit abzufinden, sich für den Verlust des Ur-Objekts mit ökonomischen Werten abfinden zu lassen. Erst die Unabhängigkeit vom Ur-Objekt subjektiviert das Subjekt dazu, frei für die Objektivierung der Welt zu werden und sie sich so verfügbar zu machen, wie die Mutter für das Kind war auf dem Boden völliger Abhängigkeit des Kindes von ihr. Die magische Allmacht des kindlichen Gedankens über die (mütterliche) Realität war die Kehrseite der realen Ohnmacht des Babys vor der omnipotenten Mutter, die sich freiwillig, liebend, zum Instrument der Allmachtsphantasien des Kindes macht. Diese Dialektik von Liebe und Macht pocht noch in den Wunschbildern der Arbeit, welche Mutter Natur nötigen will zur Liebe. Erwachsen wäre erst die Einsicht, daß Natur freiwillig gegeben hat, was wir ihr abzuherrschen wähnten, und daß sie sich zum Sklaven unserer Ohnmacht macht, in uns über sich selbst herrscht und ihrer Allmacht Herr wird. Das logische Urteil sagt: Nicht-Ich ist Ich, Dieses Urteil ist ein Schluß: dieses beliebige Mater-ial da ist die geliebte Mama, und Mamas Wille ist mit meinem identisch, quod erat demonstrandum. (X ist MA. MA ist Ich. X ist Ich.) Das Urgeld waren Muscheln, Vaginalsymbole: dafür gab der Urmensch das anale Gold her. Selbständigkeit der Menschenkinder gegen dieselbe Mutter Erde nötigt zum universalen Vergleich: Alles gleich (der

Mutter), also jedes anders anders als jedes andere.

Man könnte vielleicht sagen, der proletarische Erdensohn sei oralkonsumistisch abgefunden dafür, daß seine anale Herrschaft über die grausame Mutter Natur den Kapitalvater in deren genitalen Genuß bringe. Das kastrationsdrohende Inzesttabu hindert den Arbeiter, sich jenen großen Kuchen zu nehmen, den er täglich herstellt, einen Mutterkuchen. Sie wagen den vom Vater, den einzig legitimen Besitzer dieses (Er-)Zeugungswerkzeugs, ausgeborgten Phallus nicht zum genitalen Genuß jener Mutter Natur zu benutzen, die sie damit aus der unwirtlichen Welt herstellen – für den Vater, der sie mit 'Abfällen' ihrer Arbeit versorgt. Die industriell fabrizierte Kunstmutter Natur werde eben nicht genossenschaftlich genossen. Oder ist die Geschichte ein Vaterschaftsprozeß um die Frage, wer der Vater der mit Mutter Natur gezeugten Kinder ist? Der moderne Kapitalismus hat den von Marx beschriebenen überlebt, man wird nicht müde, das mit Genugtuung zu wiederholen. Statt zu verelenden, wird Arbeitskraft durch Kaufkraft gezwungen, ihre überflüssigsten Produkte zu konsumieren, um sich selbst verkaufen zu können.

Der heutige Kapitalist wird nicht länger als kastrationsdrohender Vater erlebt, sondern eher als entzugsdrohend ausbeutende Mutter, deren Narzißmus die Menschenkinder delegiert, für sie Missionen zu erfüllen, von ihrer Fruchtbarkeit zu zeugen, sie aufzuwerten. Mit Gott fiel das Prinzip Vater, diese religiöse Erfindung. Das caput des Kapitals ist heute eher das Haupt der Gorgo, eine matriarchalische Medusa, deren Blick versteinert und verdinglicht, nachdem der Schild des Perseus erblindet und zerbrochen ist, die Reflexion der Väter. Der Ruf nach sozialer Verteilungsgerechtigkeit der Gütergüte deutet eher auf neidische als auf eifersüchtige Geschwisterrivalitäten vor den Brüsten von Mutter Staat, die sich Mutter Natur angeglichen hat, erste und zweite Natur in eins. Die *Neueste Stimmung im Westen*, der *Anti-Ödipus* von Deleuze und Guattari, reflektiert das nur, indem er die Regression der Kultur (zur zweiten Natur der Naturbeherrschung) als das Progressivste verkaufen will. Im *neuen* kapitalistischen Vater fürchtet der Erdensohn nun jene Mutter Natur mitzutreffen, um die es beiden geht. Die Macht tritt auf als Vatermutter und Muttervater, also unangreifbar. Mit der zur zweiten Mutter Natur gewordenen technokratischen Welt drohe ich die erste Mutter Natur mit zu vernichten, deren Güte(r) ich ja will, und umgekehrt. Seit der Kapitalist in versorgend ausbeutender narzisstischer Mutterimago sich maskiert, regredieren die Menschenkinder auf die paranoid-schizoidale Entwicklungsstufe, die zugleich mit der bösen Hexe nicht die gute Fee töten mag. Trennung von Natur und Kapital, von Gebrauchs- und Tauschwert, schwindet. Der von Marx gleichsam ödipal beschriebene Sozialismus wird vom prä-ödipal und homophilosophisch gewordenen Kapitalismus, dem Matriarchat der zweiten Natur der Organisationsmaschinerien, unterlaufen. Materialistischer Vatermord hat jene rationale Instanz vernichtet, die vor dieser Symbiose mit der zweiten Natur der Technokratie schützen und befreien konnte. Der historische Mater-ialismus ist sein eigener Totengräber. Privateigentum an Produktionsmitteln hat nicht mehr der Vater, sondern die 'phallische Mutter' als das Prinzip hemmungsloser Produktivität, welche Destruktivität gegen alles Einzelne impliziert, das ersetzbar Massenhafte. Wir alle sind *gebundene Delegierte* von Madame le Capital, selbständig genug, ihre Aufträge zu erledigen, und zu abhängig, um ohne sie zu können. Nicht umsonst liegt für Marx die Utopie bereits in der Produktion ohne Notwendigkeit, in der Fruchtbarkeit als Selbstzweck. Im *Reich der Freiheit* wird dann komponiert: Musik als Bannformal gegen Paranoia, also gegen Verfolgungsangst vor der archaisch bösen Mutter, die in der zweiten Natur der Kultur aufersteht.

Produktion ist in sich schon Tausch : Austausch mit der Natur, die ich mir aneigne, indem ich mich arbeitend in sie entäußere. Rollentausch : Das Kind der Natur macht sich zur Mutter seiner Mutter. Diese Identifikation ist *Edentifikation*, weil sie die Vertreibung aus dem Paradies zum Paradies machen will. Macht euch die Erde untertan: ein Appell an die homophilosophische Analität des männlichen Menschen. Allein der Erdensohn hat gegen die erdrückende Übermacht der archaisch frühen Mutter jenes phallische Gegengewicht, das in Europa zum Aufstieg der mathematischen Naturwissenschaft führte, einer Sorte von Vernunft, welche Mutter

Natur experimentell verhört und vernimmt, statt auf sie zu hören und ihre Gaben und Gifte entgegen zu nehmen. Der Erdensohn reißt sich von Mutter Erde los, kündigt die Symbiose mit ihr auf, wo er aus der geistigen Distanz zu ihr sie seinerseits zwingt, sich ihm anzugleichen und ihm dadurch unterworfen zu sein. Diesen abendländischen Weltentwurf übernimmt Marx unbefragt, und Heidegger hat Unrecht, wenn er das Wesen des Marxismus darauf reduziert, das Sein zum bloßen Arbeitsmaterial zu machen. Heidegger unterschlägt, daß Marx im Kapitalismus gerade die menschliche Subjektivität selbst zum Arbeitsmaterial ihrer selbst gemacht sieht: Der Kapitalist bearbeitet die innere Natur des Proletariers dahin, die äußere Natur für ihn zu bearbeiten. Revolution ist Praxis, Arbeit an der (zweiten) Natur der sozio-historischen Formen der Naturbeherrschung.

Kein Inzesttabu hindert den Kapitalisten am Genuß der Mutter Natur; es ist ja nicht *seine* Mutter, sofern nicht er sie oder sie ihn gemacht hat. Zwischen dem Arbeiter und der von ihm erzeugten Mutter Natur, die ihn gezeugt hat, steht die Kastrationsdrohung des kapital(istisch)en Vaters, welcher dem proletarischen Erdensohn ja dann auch wirklich das phallische Produktionsmittel wieder wegnimmt, mit dessen Hilfe der Arbeiter die Natur unterwarf — und der Kapitalist sie genießt. Der Arbeiter zeugt mit dem toten Mater-ial die lebendige Kunstmutter Natur (mit der ein Unternehmer potentiell zeugen könnte, wenn ihm selbst nicht die bloße anale Aneignung des Geldes, die Akkumulation der Goldhaufen, zur zweiten Natur seiner „Charaktermaske" geworden wäre). Der *pauper* er-zeugt Mutter Natur, ohne mit ihr zeugen zu können, und der Kapitalist zeugt nicht in ihr, weil er sie nur aneignet. Meine Mutter Erde heißt dann nur noch: sie gehört mir. Die wirklich genitale Zeugung mit den zur Mutter Natur gemachten Mater-ialien ist für beide eine Utopie jenseits frühkapitalistischer B-analität und spätkapitalistischer Mmm-oralität. Solange es nur um die Macht geht, ist noch die 'Diktatur des Proletariats' oralkannibalisch und analsadistisch : Raffen und Schreien, Fressen und Zusammenscheißen. Beide Antagonisten sind strukturell unfähig, mit Mutter Natur etwas zu zeugen, was mehr und anders ist, als die es schaffen. Familie als organisierte Zeugung gerät im Kapitalismus in den Dienst organisierter Erzeugung der Lebensmittel, nicht umgekehrt. Materielle Güter werden er-zeugt, mit diesen Mitteln wird ja nichts gezeugt, sondern Selbstzweck getrieben. Kurz : Vom technologischen Phallus wird nur homophilosophischer Gebrauch gemacht, selbst von den Kapitalisten, die Kotsäulen sammeln und narzisstische Symbole.

"Ökonomie der Zeit, darin löst sich schließlich alle Ökonomie auf." Marx analysierte den Wert einer Ware, auch den Tauschwert der Arbeitskraft selbst, als die zu ihrer (Re-)Produktion gesellschaftlich durchschnittlich nötige Arbeitszeit. Zeit, Zahl, Ziel haben die gleiche indogermanische Wortwurzel und bedeuten eigentlich: Zeitabschnitt, also Kastration, Abtrennung. Produktive Entäußerung, die von

der Arbeitskraft verausgabte Zeit, findet sich onto-
logisch mystifiziert wieder bei Heideggers *Entwurf,
Zeitlichkeit des Sich-vorweg-seins*. (Die „W-elt" ist
das Menschenalter.)

Bei Kant war die Zeit als innerer Sinn und
reine Anschauungsform das transzendentale Sche-
ma, nach dem die subjektiven Kategorien das sinnliche Rohmaterial zu den erfahrbaren Objekten bearbeiten. Marx war es, der in jedem Erkenntnisakt die
praktische Tätigkeit entdeckte, also die „Arbeit" des
Verstandes am sinnlichen Rohstoff. -- Konstituiert
wird der Gegenstand der Erkenntnis als eine Substanz, als Selbstidentität im zeitlichen Wechsel seiner Zustände, nach dem transzendentalen Bilde der
apperzeptiven Einheit des Bewußtseins, der Identität
des intelligiblen Ego im Wechsel seiner Akte. Diese
Selbstidentität-des-Ich-in-der-Zeit taucht bei Marx
wieder auf als die zur Reproduktion der Arbeitskraft
gesellschaftlich durchschnittlich notwendige Arbeitszeit. Die Substanz als Einheit in der Zeit ist die
zur Reproduktion der Subsistenzmittel erforderliche
Arbeitszeit

Der Arbeiter macht sich gleichsam ständig
selbst zu dem, was philosophisch Substanz ist, zum
immer Gleichen, der um das betrogen wird,
wodurch er mehr als bloße Substanz ist. Dieses
Transsubstantielle ist der abgeschöpfte Mehrwert
seiner Selbsterzeugung. Wie wir schon sahen, ist der
Mehrwert nicht nur Mehr oder Weniger des qualita-
tiv Gleichen, sondern in einer sozialistischen Gesellschaft die genitale Zeugung mit der Natur mehr und

anderes als ihre anale Erzeugung und Aneignung: der Mehrwert des Kommunismus gegen den Konsumismus. Der Marxismus als historischer *Materi*alismus sieht den Vatersuizid als einzigen Ausweg, gestützt auf die materiellen Voraussetzungen selbst, also mit Mutter Natur im Rücken (und sei es auch die zur zweiten Natur gewordene Herrschaft über sie). Das Privateigentum des Vaters am Phallus wird aufgehoben, die Söhne geben ihm den ihnen zur analen Bearbeitung der Natur überlassenen Phallus gar nicht zurück, sondern teilen sich nach seiner genitalen Enteignung brüderlich in den Besitz der ja von ihnen hergestellten Mutter Natur. Postpatrizidale Brüderrivalitäten sind bei Marx nicht vorgesehen, die zum gemeinsamen freiwilligen Verzicht führen könnten. Die von Freud im Sozialismus vermißte Berücksichtigung der Macht des kollektiven Über-ich mag sich erklären aus Marxens Bemühung, den wissenschaftlichen Sozialismus von allem utopistischen Wunschdenken und bloßem Triebwerk zu befreien : Fällt die kapitalistische Herrschaft der Väter, dann nicht, weil die Söhne es so wollten, sondern weil die Kapitalisten nach den Gesetzen der zweiten Mutter Natur sich am Ende selbst entmannen und ihr phallisches Privateigentum ihnen keinen Lustgewinn mehr bringt.

Eine tendenziell fallende Lustprofitrate des Kapitalisten, als ein Naturgesetz jedes politökonomischen Selbsterhaltungstriebwerks, braucht keine vatermörderischen Sohneswünsche als die schuldigen Verursacher. Das Wissen um die Gesetze der zweiten Mutter Natur dispensiert die Söhne vom Gewissen, das Über-Ich ist umgangen. Die ausgebeutete Mutter Natur selbst wirft den urkapitalistischen Usurpator von sich, das phallische Monopol kehrt sich stets gegen seinen Besitzer, die Mutter Natur fällt den Söhnen automatisch zu.

Kein Schuldgefühl muß sie erdrücken, sie haben sich die Hände nicht schmutzig gemacht. Mit dem Blut sind die Hände der Arbeiter nun auch frei vom Dreck. Die Kastration des Proletariers durch seine Reduktion auf anale Naturbearbeitung kastriert Kapitalisten zu bloß unfruchtbaren Homophilosophen.

Wir haben nun versucht, das Unbewußte des Marxismus ein Stück weit zu analysieren, um zu verstehen, wieweit der Spätkapitalismus ihn wirklich überlebt hat und umgekehrt von ihm überlebt wird, anders, als Anhänger und Gegner häufig meinen. Weder die bei Marx noch im Kapital virulenten Phantasien sind zu Ende geträumt. Es kömmt darauf an, sie weiter zu denken, also mit Marx über ihn hinaus, ohne hinter ihn zurückzufallen.

Marx verspottete die Sozialutopisten, die vom Vatermord träumen. Er wußte, daß der postpatrizidale Schuldkomplex den so beseitigten Vater übermächtiger als vorher ins Leben zurückruft und dann auf neue Machthaber projiziert, die den Tausch von Gehorsam gegen Schutz und Sündenvergebung anbieten. Also galt es, das Gelingen der Revolution ein wenig loszukoppeln vom elternmörderischen Wunschdenken der proletarisierten Menschenkinder. Freuds Verdacht, der Sozialismus unterschätze wohl die Macht des kollektiven Über-Ich in Situationen, in denen eine Machtübernahme durch die bislang Benachteiligten real möglich sei, ist nur im Falle des Marxismus vorweg gegenstandslos gemacht worden. Die Geschichte mache uns, und sie mache uns zu denen, die die Geschichte selbst machen können : *Daß* wir sie selbst machen können, geschehe ohne unser Dazutun. Indem sie den innersten Triebwünschen der Unterdrückten entgegenkomme, befreie sie diese vorweg von nachträglichen Schuldängsten. Der Determinismus dieses Geschichtsschicksals setze nur noch das politische Geschick voraus, rechtzeitig zuzugreifen, sobald die entfaltete kapitalistische Welt in Widerspruch zu sich selbst gerate, also das akkumulierte Kapital sich nicht mehr weiter zu verwerten wisse. Wenn das fäkale Gold nicht mehr zur Steigerung des Lustprofits benutzt werden könne, diene der Phallus dem Kapitalisten zu nichts mehr. Seine anale Investition amortisiere sich nicht länger, er *phalle* in sich zusammen. Bei Marx phantasiert der Erdensohn, der Vater habe ihm den Phallus geraubt und zum nur anal-homosophischen Gebrauch überlassen : Revolution ist auch Wiederaneignung des Erzeugungswerkzeugs. Im Kapitalismus tritt der Phallus nur als enteigneter in die Phantasie, die Kontrahenten tauschen ihn, losgelöst von ihrer Person, von ihren Körpern, gegen symbolische Substitute. Er wird zum Ding-an-sich, zur ent- und veräußerbaren Kotsäule. Auch die Vagina gerät in die Nähe des kloakalen Ausscheidungsorgans, Produktion ist Defäkation, Geburt per anum. Daß das Haus der Kultur aus Scheiße gemacht sei, steht beim Marxisten Bert Brecht.

An eine exkulpierende Geschichtsautomatik mag kaum noch jemand so recht glauben, seit die Homophilosophie des aufgeklärten Kapitalismus, zusammen mit der Regression auf ungestörten privatkonsumistischen Oralinzest, den ödipal-genitalen Wunsch ersetzt und die Lebensmittel zum Selbstzweck gemacht hat. Das heterologische Ziel, das der wissenschaftliche Sozialismus am Gewissen vorbei erreichen wollte, ist vergessen, verleugnet und verdrängt, also abgedrängt auf analen Instrumentalfetischismus der anti-ödipalisierten Kleinfamilie oder an ihr vorbei.

Der Marxismus will die Verantwortung für den revolutionären Vatermord oder für die Kastration des Kapitalisten von den Menschenkindern nehmen und auf die immanenten Bewegungsgesetze der mater-iellen Voraussetzungen abschieben und verlagern, damit kein Schuldbewußtsein die Geschwister zwingt, nach der Entmachtung und Enteignung des Herren diesen sühnend zu idealisieren, zu reinthronisieren, ihre Solidarität in neu aufbrechenden Rivalitäten aufzugeben, sobald der sie gut zusammenschweißende gemeinsame Gegner fehlt, oder ihre Solidarität nur noch zu bekunden im gemeinsamen Verzicht auf den Genuß jener frei werdenden Mutter Natur, um deren Besitz der Kampf ja ging.

Bei Ernst Bloch kommt diese Seite des Marxismus zu sich selbst : Die Mutter Natur im Bunde mit den Menschenkindern gegen die Väter.

Die grünen Erben von Marx fürchten nicht erst in der revolutionären Praxis die ödipale Untat, sondern bereits in der Industriearbeit an Mutter Natur das prä-ödipale Verbrechen, das sich rächt. Kultur ist prä-ödipale Hege und Pflege, aber auch genitale Bebauung und Beackerung der Mutter Natur. Im Rohstoffmangel und in den ökologischen Folgeschäden der Ökonomie wird der Muttermord an der mater-iellen Natur phantasiert, der in genau jenem Akt, durch den er sich die Natur gefügig und verfügbar macht, das mit zu zerstören droht, wovon er lebt. Der distanzierende Abschied von der Natur, aus dem wir kommen, wird depressiv verarbeitet, also nicht geleistet. Der Grüne fürchtet sich, die ablösende Aggression gegen die Natur nicht leisten zu können, von der er sich weiter abhängig fühlt. Von solchen Skrupeln war Marx nicht nur frei, weil er das destruktive Potential der Produktivkraftentfesselung etwa nicht hatte voraussehen können. Er phantasierte einfach den Muttermord durch das Kind nicht als dessen Suizid. Was er nicht voraussah, war der Trick des Kapitalisten, sich als frühe 'phallische Mutter' zu maskieren, vor der die Menschenkinder sich zu aufeinander neidischen statt gemeinsam auf den Vater eifersüchtigen Geschwistern desolidarisieren und reinfantilisieren. Die Einheitsfront gegen den Übervater im Monopolisten im Kampf um die alimentär versorgende *und* ödipal begehrte Mutter Natur zerbrach im Dienst an der staatlichen Versorgungsgottheit, die gut feministisch in den massendemokratisch organisierten Ameisenstaat treibt und zu Homophilosophen erzieht. Proletarische Solidarität ist atomisiert zu privatistisch analem Besitzindividualismus eines materiellen Oralinzests, ständig neu zentrierbar um Herren, die die zugleich grausame und jungfräulich reine Natur gegen jede patriarchalische Besudelung verkörpern können.

Das feministische Bündnis mit der als jungfräulich rein phantasierten Natur gegen das, was als kapitalistisches Patriarchat anachronistisch mißverstanden wird und doch nur totalitäre Homophilosophie ist, bildet ein „historisches Bündnis" mit der zur zweiten Natur gewordenen phallischen Mutter-Imago der administrativen Systemirrationalität gegen zu schwache Vaterfiguren, die zu Sündenbockpopanzen dämonisiert werden, weil ihre sadomasochistische Mutterbindung viel zu stark ist, um Männer zu sein. Marx sah den 'Herren Knoten und Straubinger' frei *von* phallischen Produktionsmitteln *für* den unfreien Vertrag mit dem Kapital : Er darf mit der toten Mater-ie eine jungfräulich reine Natur zeugen, an deren Genuß ihn das Inzesttabu hindert. Das Ius primae noctis mit dieser Tochter der Materie und der proletarischen Arbeitskraft hat der als Vater nur imaginierte Kapitalist, der Privateigentümer an der genitalen Potenz der Werkzeuge, deren anale Leistungsfähigkeit dem Proleten verbleibt. Mit dem Phallus des Werkzeugs er-zeugt der Erdensohn eine jungfräulich reine Natur, mit der er nicht zeugen darf, weil sie samt dem Phallus dem Vater gehört. Diese von ihm produzierte virgo intacta führt der Sohn dem Führer zu, der sie verführt. Auf diese Weise will der Kapitalist im Genuß der fabrizierten Natur zugleich die eigene Mutter und Tochter deflorieren dürfen, die der Arbeiter für ihn herstellt. Mit dem Vaterphallus erzeugt er, aus Scheiße gleichsam geformt, seine eigene Tochter *und* Mutter Natur, und der als Vater Phantasierte behält über jedes Arbeitsprodukt das Erstverfügungsrecht. Der erotische Goldglanz der kapitalistischen Ware, den die Ästhetik der Werbung ausnutzt, ist ihr nicht äußerlich: Nicht erst die Vermarktung macht in der Kollektivphantasie aus jedem Arbeitsprodukt potentiell das Bruchstück einer industriell synthetischen Mutter Natur, Fragment des Inzestobjekts. Die Warenästhetik der Reklame verkauft die Frau als Ware und die Ware als Frau, weil die Produkte eo ipso Güte(r) der Mutter Natur sind. Der proletarische Erdensohn phantasiert sich unbewußt, sofern er sich in seinen Arbeitsprodukten selbst erzeugt, als Sohn seiner Tochter und als Vater seiner Mutter. Damit wird die dialektische Triade zur Dreigenerationentheorie; die fabrizierte Natur ist Tochter, Gattin und Mutter des Produzenten, der zum Sohn, Gatten und Vater seines Erzeugnisses wird. Verwandte dürfen nicht verwendet werden, und der Brauch des Inzesttabus hindert am Genuß des Gebrauchswerts.

In seinen Überlegungen „Zur Rekonstruktion des Historischen Materialismus" (Frankfurt/M.

1976) meinte J. Habermas gegen Marx, daß gesellschaftliche Arbeit zwar den Hominiden vom Primaten unterscheide, das spezifisch Humane aber erst die Familiarisierung des Mannes vom Jagdhorden-Homosophen zum Vater sei. Jürgen Habermas erinnert daran, "daß erst die Inzestschranke zwischen Vater und Tochter den kulturell innovativen Weg zur Familienstruktur bahnt" (a. a. O., Seite 195), da die Inzestschranke zwischen Mutter und Sohn schon im prähumanen Status gesellschaftlicher Arbeit an der Natur existierte, also schon zur Homophilosophie der Hominiden gehörte. Erst das Tochterinzesttabu des Mannes gründe Familie, die das spezifisch Menschliche sei, die Integration von Produktion und Reproduktion der Produzenten. Danach rekapitulierte der Kapitalismus diese spezifisch humane Errungenschaft der Evolution nur auf der Ebene der juristischen Trennung der Produzenten von ihren als genitalpotent erlebten Produktionsmitteln. Der Erdensohn darf weder mit Mutter Natur zeugen noch mit der Tochter, die er mit der toten Mater-ie gezeugt hat. Die Tochter fällt wieder dem Häuptling der homophilen Jagdhorde zu, der mit den Früchten der proletarischen Arbeit ungestraft den Mutter- und Tochterinzest begeht. Der Besitzer des Phallus ist nicht der Vater und der Vater nicht der Besitzer des Phallus. Der homosophische Eigentümer des Phallus delegiert die Vaterschaft für die jungfräulich reine Natur an den Bearbeiter der Mater-ie und der proletarische Vater diese Tochter samt Phallus, mit dem er sie erzeugt hat, an den Kapitalisten. Das Virgini-

tätsideal verknüpft Inzesttabu mit analer Reinlichkeitserziehung. Das Mutter-Sohn-Inzesttabu führt
schon zur Subjekt-Objekt-Spaltung als Vorausset-
zung analsadistischer Naturbeherrschung und deren
kapitalistischer Disziplinierung.

Man kann über Kapitalismus nicht sprechen, ohne über Homophilosophie zu reden. Karl
Marx decouvrierte den analsadistischen und anal-
possessiven Sozialcharakter des Kapitalismus (Aneignung der Natur durch Bearbeitung, experimentel-
le Vernehmung der Natur, bis sie etwas hergibt,
Entäußerung des Arbeiters und Verausgabung der
Arbeitskraft, Produktion der Güte(r), Privateigentum
an Produktionswerkzeugen, die Akkumulation der
Goldhaufen, Äquivalententausch etc., heute Erwei-
terung der Arbeitskraft um Kaufkraft, die entäußer-
ten Produkte zu einem Minderwert wenigstens oralkannibalisch wiederanzueignen und zu er-innern).
Zwischen dem Arbeiter und seinem Produkt steht
auch das humanisierende Inzesttabu zwischen Vater
und Tochter, nicht zwischen dem Unternehmer und
seinem Eigentum. Das „Unmenschliche" am Kapitalismus ist die praktizierte Homophilosophie, also der
Rückfall hinter die monotheistische Form der mo-
nogamen Familie.

Die humanistische Entfremdungstheorie hat
die ökonomische Form überlebt, in der sie beim
späteren Marx einzig noch zugelassen war. Selbst-
entfremdungsphänomene werden ja studiert heute in
staatskapitalistischen und -sozialistischen Produktionsverhältnissen von ihren pathologischen Implika-

tionen aus. Universell in hochindustrialisierten Gesellschaften ist heute die quälende Leere eines *falschen Selbst,* das jeder sich und dem anderen zukehren muß als seine zweite Natur, die Maske der Persona als gespielte 'Rolle', die den Soziologen so teuer ist, daß sie die nicht mehr kritisch analysieren, sondern unter ihre Grundbegriffe gereiht haben. Das Ich erlebt seine eigenste Aktivität als die eines anderen, sobald es die Intentionen der anderen in ihm als seine ureigensten empfindet. Es erkennt und findet sich in seinen eigenen Regungen und Hervorbringungen nicht mehr wieder, nur noch in denen der approbierten Allgemeinheit, die es verinnerlicht hat, ohne es wahrhaben zu wollen. Adorno beschrieb in den „Minima moralia" (Nr. 147) die sozialpsychologische Genese der Schizophrenie als Spaltung in ein Ich als den Betriebsleiter seiner selbst und seinen Triebgrund als Betriebsmittel : Desintegration als Dialektik forcierter Selbstbeherrschung. Ist das nur die psychische Internalisierung dessen, was Marx als Selbstentfremdung beschrieb, oder umgekehrt dieses die soziale Projektion dessen, was Marx als Dissoziation von bürgerlichem Beruf und feudalinfantiler Berufungsphantasie in sich austrug? Eins durch das andere. Dieser Prometheus wollte das Feuer vom väterlichen Himmel holen, indem er die Milch aus Mutter Erde holte. Die Verantwortung für sein Leben, das er weder führte noch meisterte, schob er ab auf die haushälterisch besorgte zweite Mutter Natur, um frei zu sein für libidinöse Arbeit des Intellektuellen, dem Anstrengung und Vergnügen zusammenfallen. Er beschrieb die Absatzkrise der rabenmütterlichen Güte(r) : Marx hatte nichts zu geben als das, was sie nicht gebrauchen konnte und wozu sie ihn doch ausgebildet und qualifiziert hatte, eine Bücherverwertungsmaschine, eine Fehlinvestition, die sich gar nicht amor-teasieren wollte. Der Jurist schrieb lieber eine Kritik der Hegelschen Rechtsphilosophie; statt seine Mandanten zu betreuen, kritisierte er die idealistische Lösung von bürgerlichen Widersprüchen. Dieser Narziss blieb mit sich selbst vermittelt durch das Andere, nicht über den Anderen, über Güter, nicht durch Güte. (Siehe M. *Theunissen*: „Sein und Schein", Frankfurt/Main 1980). Er untersuchte die Verallgemeinerungsfähigkeit seiner Sonderwünsche und stieß auf die bornierte Partikularität des Gemeinwohls seiner Zeit. Sein Anspruchsniveau, stimuliert durch die alte Religion seiner Eltern, stieg schneller als die disponible Wertmasse seiner Klasse.

Im Allgemeinen erzeugt der Kapitalismus genau die Bedürfnisse, die er auch befriedigen kann, Nachfrage nach jener Nachfrage, die er bedienen will. Und unsere Eltern suchen nicht mehr Begehrlichkeiten in uns zu wecken, als die prospektiven Chefs uns später erfüllen werden als Lohn unserer Surplusarbeit für sie. Zu frustrierte Eltern rächen sich, indem sie ihre Kinder vernachlässigen oder verwöhnen – bis zur Unbrauchbarkeit für alle Mehrwertarbeit. Martin Walser hat das in seinem Roman „Die Gallistlsche Krankheit" (Frankfurt/M. 1974, S. 102 - 107) gut beschrieben. Den Proletarier

seit Marx bis heute hat die systemtreue Arbeitermutti viel zu gut erzogen, Entfremdung als solche
gar nicht zu spüren, immer etwas mehr sich zu ver-
ausgaben, als er zurückerhält, und doch bei der
Stange zu bleiben und das Recht auf Arbeit statt auf
Arbeitslosigkeit zu fordern wie Marx. Rationalisierung droht mit Freistellung der Arbeitskraft für Tä-
tigkeiten, für die er nicht gebildet wurde. Er ist so
konditioniert, den Himmel auf Erden als arbeitslose
Hölle zu fürchten, die Delegation der entfremdeten
Arbeit an Maschinen.

Aber den Bourgeois verbindet heute mit
dem Proletarier die verbissene Abwehr systemtrans-
zendierender Bedürfnisse. Der eine hat seine eigene
Kultur freiwillig als Ballast über Bord geworfen, der
andere will gar keine erst entwickeln oder beerben.
Marx war gegen Bürger und Arbeiter Anwalt der
Aristokratie einer intellektuellen Utopie. (Was heute
als 'alternativ' herumgeboten wird, fällt meistens
hinter Marx zurück. Ökologie will vorerst einen nur
etwas umweltfreundlicheren Kapitalismus. Und
hinter das Brötchenverdienen fallen die noch zurück, welche sich ihr Brot wieder selber backen
wollen, statt übers Brotbacken endlich hinauszu-
kommen – durch die automatische Fabrik und ihre
billigen Massenprodukte. Am Fabrikbrot fürchten
sie weniger die Chemie als die freie Zeit, zu der es
ihnen verhilft, und mit der sie nicht mehr anzufan-
gen wissen, als sich ihr Brot eben lieber wieder
selbst zu backen, im Schweiße ihrer guten Miene
zum bösen Spiel der Gitarren und Flipperautomaten.

Sie wollen nichts davon wissen, daß das Fabrikbrot schlechter ist nicht durch die Maschinen, sondern durch deren kapitalistische Verwaltung.) Nur der Geistesarbeiter, der nicht davon leben muß, ohne sich deshalb gleich wie Marx von den Arbeitenden aushalten zu lassen, nimmt schon heute ein Stückchen jener Utopie vorweg, die auch in Marxens gelehrtenaristokratischem Selbstbewußtsein lag, im privilegierten Kampf gegen die Privilegien, im elitären Kampf gegen alle Eliten, samt seiner eigenen Existenz. Entfremdung setzt Entwöhnung von dem voraus, was schon einmal wesentlich gewesen ist, von gewohnter Verwöhntheit. Der Arbeiter bis heute kennt, anders als Marx, nicht die Entzugsqualen dessen, dem mehr und anderes versprochen war. Schließlich sind die *höheren Dinge* nicht dadurch Falschgeld, daß sie höher sind, sondern solange sie Privileg sind, also Gewalt. In seiner ersten Arbeit für die 'Rheinische Zeitung', den Artikeln über die Pressefreiheitsdebatten im rheinischen Landtag, machte der Vierundzwanzigjährige sich nach dem Abituraufsatz erneut Gedanken über Beruf und Berufung:

„Der Schriftsteller muß ... erwerben, um existieren und schreiben zu können, aber er muß keineswegs existieren und schreiben, um zu erwerben ... Der Schriftsteller betrachtet keineswegs seine Arbeiten als Mittel. Sie sind Selbstzwecke, sie sind so wenig Mittel für ihn selbst und für andere, daß er ihrer Existenz seine Existenz opfert, wenn´s not tut, und in andrer Weise, wie der Prediger der Religion zum Prinzip macht: 'Gott mehr gehorchen, denn den Menschen', unter welchen Menschen er selbst mit seinen menschlichen Bedürfnissen und Wünschen eingeschlossen ist. Dagegen sollte mir ein Schneider kommen, bei dem ich einen Pariser Frack (sic!) bestellt, und er brächte mir eine römische Toga (sic), weil sie angemessener sei dem ewigen Gesetz des Schönen! Die erste Freiheit der Presse besteht darin, kein Gewerbe zu sein. Dem Schriftsteller, der sie zum materiellen Mittel herabsetzt, gebührt als Strafe dieser inneren Unfreiheit die äußere, die Zensur ... Allerdings existiert die Presse auch als Gewerbe, aber dann ist sie keine Angelegenheit der Schriftsteller, sondern der Buchdrucker und Buchhändler. " (MEW 1, S. 71). Und die können durch Automaten ersetzt werden, die ihnen abnehmen, was nicht menschlich ist an ihnen. Do-it-yourself, was die Industrie besser kann? Marx fordert die Freiheit vom Gewerbe statt Gewerbefreiheit, Freiheit für das, was die Maschine nicht kann, Freiheit von ihr und durch sie, also von dem, was unmenschlich an uns ist. Davon wollen sie bis heute nichts wissen, die lieber die „Idiotie des Landlebens" restaurieren wollen, um nicht die Produktionswelt revolutionieren zu müssen. Aber sie können sich kein anderes Motiv für die Entwicklung eines zwanzigjährigen Kühlschranks vorstellen als den Profit. „Small is beautiful", jeder sein eigener Stahlkoch, als wäre Big Business nicht eher zu kleinkariert.

"Wenn der Mensch sich selbst gegenübersteht, so steht ihm der andre Mensch gegenüber."

"Wie er seine eigne Produktion zu seiner Entwirklichung, zu seiner Strafe, wie er sein eignes Produkt zu dem Verlust, zu einem ihm nicht gehörigen Produkt, so erzeugt er die Herrschaft dessen, der nicht produziert, auf die Produktion und auf das Produkt." "... die Lebendigkeit als Aufopferung des Lebens, die Produktion des Gegenstandes als Verlust des Gegenstandes an eine fremde Wacht, an einen fremden Menschen ..." "Der Nichtarbeiter tut alles gegen den Arbeiter, was der Arbeiter gegen sich selbst tut, aber er tut nicht gegen sich selbst, was er gegen den Arbeiter tut." "Der Arbeiter produziert das Kapital, das Kapital produziert ihn, er also sich selbst." "Der Unterschied von Kapital und Erde ... ist ein noch historischer, nicht im Wesen der Sache begründeter Unterschied ... von Kapital und Arbeit." " ... während sie (die Agrikultur) früher die Hauptarbeit dem Boden überließ und dem Sklaven dieses Bodens, durch welchen dieser sich selbst baute ... der Grundeigentümer weiß den Kapitalisten als seinen übermütigen, freigelaßnen, bereicherten Sklaven von gestern ... "

Der pra-ödipale Sohn der Mutter Erde verdrängt seinen feudalen Vater ödipal und erzeugt im Proletarier seinen eigenen ödipalen Sohn in der Geschlechterkette. Die Ur-Arbeit verrichtete die präödipal archaische Mutter Natur selbst, als die patriarchalische Herrschaft über sie noch schwach war. Der Mann löst sich von Mutter Natur, aber nur als Sohn unterm Druck eines Vaters, des "freien, von jeder Naturbestimmung unabhängigen Kapitals."

Diese Abtrennung und Abgrenzung von Mutter Erde erfolgt in der analen Entwicklungsphase auch der soziohistorischen Evolution, durch trotzige Retention der Scheiße, durch Akkumulation des Geldes. "Ohne Kapital sei das Grundeigentum tote, wertlose Materie": Ohne häufende Zurückhaltung der Ausscheidung ist der Besitz der Mutter Natur nicht möglich. Selbstbeherrschung, Verweigerung der Rückgabe ihrer Gaben, ist Mittel der Naturbeherrschung. Kapitalakkumulation, eigensinnig angehäuftes Eigentum, hindert mich, das Eigentum der Mutter Natur zu bleiben, wie der an die Scholle gefesselte Bauer, der von der launischen Natur abhängig ist. "Die Erde wird hier noch als vom Menschen unabhängiges Naturdasein anerkannt, noch nicht als Kapital, d.h. als Moment der Arbeit selbst."

„Wie das Grundeigentum die erste Form des Privateigentums ist..." " ... das Eigentum, das in der Familie, wo die Frau und die Kinder die Sklaven des Mannes sind, schon seinen Keim, seine erste Form hat." Hier ist die in der Ehefrau wiederauflebende Mutter deutlich auf die fruchtbare Erde projiziert, die der Bauer für sich arbeiten läßt wie sein Weib und von der er gleichwohl völlig abhängt – ohne Kapital, ohne "geronnene Arbeit" von Mutter und Kindern. Im *rohen Kommunismus* hat die brüderliche Horde den kapitalen Bock nur erst phallisch enteignet und sich dann an seine Stelle gesetzt, um "genossenschaftlich" mit dem väterlichen Produktionsmittel Mutter Natur zu genießen und nutznießen.

". .. die Bestimmung des Arbeiters wird nicht aufgehoben, sondern auf alle Menschen ausgedehnt." "Die Gemeinschaft ist nur eine Gemeinschaft der Arbeit und die Gleichheit des Salairs, den ... die Gemeinschaft als allgemeiner Kapitalist auszahlt."

„Die normale Identifizierung des Jungen mit seinem Vater, die sich darin ausdrückt, wie er sein zu wollen, einen Penis wie er haben zu wollen oder an seinem Penis teilhaben zu wollen, kann in manchen Fällen zu einer Art Liebe sich auswachsen, die man am besten als einen Lehrlingskomplex, eine vorübergehende weibliche Unterwerfung unter den Vater beschreiben könnte, um sich für die spätere männliche Konkurrenz mit ihm gut vorzubereiten. Wenn diese Liebe einer Kastrationsdrohung begegnet, kann das zu einer Aufgabe der phallischen Haltung führen und den Jungen veranlassen, sich wiederum der Mutter zuzuwenden, nun aber nicht mehr in der phallisch-ödipalen Haltung, sondern eher in einer prägenitalen, passiven, schutzsuchenden und sich mit ihr identifizierenden Art." (Kommunistischer Psychoanalytiker *Otto Fenichel* : „Psychoanalytische Neurosentheorie", 1971, Seite 132).

Der Erdensohn wählt einen Kompromiß zwischen An- und Auflehnung : Er behandelt Mutter Natur so, wie er (und sie) von Ihm behandelt werden und wie er Monsieur le Capital (noch) nicht zu behandeln wagt. Sub-jekt und sub-iectura zugleich, unterwirft er sich *die* Natur und *dem* Kapital, aber seine Unterwerfung der Natur selbst bleibt dem Kapital unterworfen. Kurzum : Er verbeißt sich in die Arbeit (fürs Kapital) statt in den Kampf gegen den Vater, und die Bearbeitung der Mutter Natur zieht jenen Sadismus auf sich, der eigentlich dem Vater gilt, aber von ihm ganz abgezogen werden muß. Die narzisstisch kränkende Passivität gegen ihn ist abgewehrt, die ödipale Liebe zur Mutter als Haß auf den Vater regrediert auf prä-ödipal anal-sadistische, homophilosophische Liebe zum Kapital als eine Wut auf Mutter Natur, die sich technologisch bewaffnet. „Madame la Terre" büßt die gegen „Monsieur le Capital" (noch) nicht ausagierbare Aversion. So hat der Sohn doch teil an der Macht des Kapitals über die Mater-ie (und über sich selbst). Daß aber der Rohkommunist dasselbe will wie der bourgeoise Patriarch, verrät noch das „Kommunistische Manifest" von 1848:

"Aber Ihr Kommunisten wollt die Weibergemeinschaft einführen, schreit uns die ganze Bourgeoisie im Chore entgegen. Der Bourgeois sieht in seiner Frau ein bloßes Produktionsinstrument. Er hört, daß die Produktionsinstrumente gemeinschaftlich ausgebeutet werden sollen und kann sich natürlich nicht anders denken, als daß das Loos der Gemeinschaftlichkeit die Weiber gleichfalls treffen wird. Er ahnt nicht, daß es sich eben darum handelt, die Stellung der Weiber als bloßer Produktionsinstrumente aufzuheben ... Die Kommunisten brauchen die Weibergemeinschaft nicht einzuführen, sie hat fast immer existiert. Unser Bourgeois, nicht zufrieden damit, daß ihnen die Weiber und Töchter ihrer Proletarier zur Verfügung stehen, von der officiellen Prostitution gar nicht zu sprechen, finden ein Hauptvergnügen darin, ihre Ehefrauen wechselseitig zu verführen. Die bürgerliche Ehe ist in Wirklichkeit die Gemeinschaft der Ehefrauen. Man könnte höchstens den Kommunisten vorwerfen, daß sie an Stelle einer heuchlerisch versteckten, eine officielle, offenherzige Weibergemeinschaft einführen wollen." "In dem Verhältnis zum Weib, als dem Raub und der Magd der gemeinschaftlichen Wollust, ist die unendliche Degradation ausgesprochen, in welcher der Mensch für sich selbst existiert, denn das Geheimnis dieses Verhältnisses hat seinen unzweideutigen, entschiednen, offenbaren, enthüllten Ausdruck in dem Verhältnisse des Mannes zum Weibe und in *der* Weise, wie das unmittelbare, natürliche Gattungsverhältnis gefaßt wird."

Gegen den Hegelianer höhnt Marx : "Das Selbstbewußtsein muß solange wie ein Gespenst umgehen, bis es alle Dinge, die von ihm und zu ihm sind, in sich zurückgenommen hat. Nun hat es bereits die ganze Welt verschluckt, außer dieser Hyle, der Substanz, die der Gnostiker Feuerbach unter Schloß und Riegel hält und nicht herausgeben will." Der Erdensohn hat Mutter Natur zum Fressen lieb, und Marx rechnet dem Mater-ialisten Feuerbach gegen Hegel und Bruno hoch an, daß er in seinem Selbstbewußtsein Mutter Natur nicht oralkannibalisch konsumiert und damit aufhebt. (Griechisch „*Hyle*", der Stoff, hängt etymologisch zusammen mit Holz). Lustig macht er sich über Bauers "Dithyrambus auf die weibliche Schönheit im Zarten, im

Weichlichen, im Weiblichen, auf die 'schwellenden, abgerundeten Glieder' und den 'wogenden, wallenden, siedenden, brausenden und zischenden, wellenförmigen Körperbau des Weibes." Marx meint, dass Feuerbach nicht "mit der Sinnlichkeit fertig werden kann, ohne sie mit den Augen, d.h. durch die 'Brille' des Philosophen zu betrachten." Mit dieser Schaulust will Marx sich nicht zufrieden geben. Er interessiert sich für "die Produktion des Lebens, sowohl des eignen in der Arbeit wie des fremden in der Zeugung," dafür, "daß die Menschen, die ihr eignes Leben täglich neu machen, anfangen, andre Menschen zu machen, sich fortzupflanzen – das Verhältnis zwischen Mann und Weib, Eltern und Kindern, die Familie. Diese Familie, die im Anfange das einzige soziale Verhältnis ist, wird späterhin, wo die vermehrten Bedürfnisse neue gesellschaftliche Verhältnisse, und die vermehrte Menschenzahl neue Bedürfnisse erzeugen, zu einem untergeordneten (ausgenommen in Deutschland) ..."

Das spätere, das nur zu vergesellschaftende Privateigentum an Produktionsmitteln hat Vorläufer, die immer wieder, wie wir analysieren, auf die unpersönlicheren Erben projiziert werden : " ... das Eigentum, das in der Familie, wo die Frau und die Kinder die Sklaven des Mannes sind, schon seinen Keim, seine erste Form hat. Die freilich noch sehr rohe, latente Sklaverei in der Familie, ist das erste Eigentum, das übrigens hier schon vollkommen der Definition der moderneren Ökonomen entspricht, nach der es die Verfügung über fremde Arbeitskraft ist." Die Familie ist die Keimzelle auch der marxistischen Gesellschaft, der Kapitalist der Familienvater der Menschenfamilie, nur 'auf erweiterter Stufenleiter'. Wenn Marx noch 1844 von der sozialen Selbsterzeugung des Menschen spricht, meint er keine parthenogene Urzeugung, sondern "daß die Individuen allerdings einander machen, physisch und geistig, aber nicht sich machen ... ". Feuerbach fasse den Menschen "nur als sinnlichen Gegenstand, nicht als sinnliche Tätigkeit", kenne nur "Liebe und Freundschaft, und zwar idealisiert". Aber noch viel schlimmer sei Platonische Liebe bei Hegel : "Und Adam erkannte, id est kritisierte, sein Weib Evam, und sie ward schwanger."

Marx wie Freud : Das Sein bestimmt das Bewußtsein, und was, wenn das Bewußtsein nur bewußtes Sein ist, kann das Sein anderes sein als das Unbewußte? Marx spricht von Projektion und Verinnerlichung, Freud von innerer Ökonomie. Das 'Ich' ist eine rechte kleinbürgerliche Krämerseele, die ihre Triebinvestitionen geschickt zu diversifizieren sucht, und ihr Handeln ist immer auch ein Handel mit Es und Über-Ich und Realität.

Marx untersuchte nicht nur die Beziehung der Ichs zur Realität und Freud nicht nur die Selbstreproduktion der Produzenten. Marxismus ist auch Psychoanalyse kapitalistischer Rationalisierungen der den Unternommenen auferlegten Triebverzichte und Homosexualisierungen, nachdem das *religiöse Rauschgift* durch Konsumdrogen ersetzt ist.

Zeitlebens schwankte Freud in der finalen Bewertung der Kulturarbeit : Repressiver Triebverzicht oder 'sozial höherbewertete Leistung'. Ist das 'Höhere' nur Stolz auf das Schwierigere? Entfremdete Arbeit: Zwangssublimierung oder Preis für Lustgewinn, der durch den Preis gerade vereitelt wird?

„Man darf sagen, daß dieser Gedanke der Weibergemeinschaft das ausgesprochene Geheimnis dieses noch ganz rohen und gedankenlosen Kommunismus ist. Wie das Weib aus der Ehe in die allgemeine Prostitution, so tritt die ganze Welt des Reichtums, d.h. des gegenständlichen Wesens des Menschen, aus dem Verhältnis der exklusiven Ehe mit dem Privateigentümer in das Verhältnis der universellen Prostitution mit der Gemeinschaft ... Der allgemeine und als Macht sich konstituierende Neid ist die versteckte Form, in der die Habsucht sich herstellt und nur auf eine andre Weise sich befriedigt. Der Gedanke jedes Privateigentums als eines solchen ist wenigstens gegen das reichere Privateigentum als Neid und Nivellierungssucht gekehrt, so daß diese sogar das Wesen der Konkurrenz ausmachen. Der rohe Kommunist ist nur die Vollendung dieses Neides und dieser Nivellierung von dem vorgestellten Minimum aus ... Wie wenig diese Aufhebung des Privateigentums eine wirkliche Aneignung ist, beweist eben die abstrakte Negation der ganzen Welt der Bildung und Zivilisation, die Rückkehr zur unnatürlichen Einfachheit des armen, rohen und bedürfnislosen Menschen, der nicht über das Privateigentum hinaus, sondern noch nicht einmal bei demselben angelangt ist."

Die Brüderlichkeit dieser Gemeinschaft beruht nicht, wie in Freuds '"Totem und Tabu", auf dem gemeinsamen Verzicht der Erdensöhne auf den Genuß jener Mutter Natur, um deren Willen ja der Vater beseitigt und konsumiert worden war. Die rohkommunistische proletarische Diktatur gibt den Druck, der von Monsieur le Capital ausging, an Madame la Terre weiter : Der Sohn vergewaltigt Mutter Natur so, wie sie (und er) von Monsieur le Capital sich vergewaltigt fühlten.

Die Söhne zusammen werden ihr eigener konsumierter Vater, sie stehen zusammen wie ein Mann, wie Monsieur le Capital selbst, dessen Teilhaber sie jeder sind, wenn sie Madame la Terre unter sich aufteilen. Die 'Diktatur des Proletariats' ist eine der Söhne über Mutter Natur. Hier wird der Mater-ialismus zum roten Feminismus, und es ist falsch, dem Marxismus vorzuwerfen, er nehme den Klassenkampf ernster als den der Geschlechter. Marx durchschaut in der Ausbeutung der Natur, in der Bearbeitung der Mutter Erde durchaus den sexistischen Mal-Chauvinismus. Ebenso wichtig erscheint mir eine damit zusammenhängende andere unbewußte Phantasie der Rohkommunisten. Wie vor Gottvater die Herren und die Knechte hienieden gleich sind, seine Knechte als seine Menschenkinder nämlich, wie vor dem Glauben Natur und Geist, Sinnlichkeit und Vernunft eins sind, nämlich selbst ein Stück Natur, lumen naturale, 'Hure Vernunft', so auch fühlen sich die *Herren Knoten* vor *Monsieur le*

Capital: selbst als Teil jener Natur, die sie unter sich bringen. Vor Monsieur le Capital werden die Erdensöhne und *Madame la Terre* gleich und eins : ein die Söhne demütigender Vergleich. Das Kapital hat Macht über die Macht, welche die Arbeit über die Natur hat. Unter dem Kapital ist die Arbeit an der Natur selbst nur ein Stück von ihm beherrschter Natur. Und wenn Marx sagt, der Arbeiter prostituiere sich auf dem Arbeitsmarkt, biete sich feil dem Meistbietenden mit seiner ganzen sinnlich physischen Existenz, dann meint er ja genau diese weibliche Identifizierung des Proletariers mit der von ihm bearbeiteten Natur. Unter der väterlichen Kastrationsdrohung des Kapitalisten wird der Arbeiter phantasmagorisch zum kleinen Mädchen, das vom Anführer verführt wird und sich von ihm verfolgt fühlt, wo er sich homophil an *Monsieur le Capital* bindet. Aus Abwehr dieser homophilen Unterwerfung unter ihn, aus Abwehr seiner eigenen masochistischen Weiblichkeit unterdrückt dann der Sohn die Mutter Natur so, wie er selbst von Monsieur le Capital unterdrückt wurde. Gegen Mutter Natur beweist der Rohkommunist – in der Horde der Macher – sich die eigene Männlichkeit als Unterdrückung eigener Homosexualität.

„Das unmittelbare, natürliche, notwendige Verhältnis des Menschen zum Menschen ist das Verhältnis des Mannes zum Weibe. In diesem natürlichen Gattungsverhältnis ist das Verhältnis des Menschen zur Natur unmittelbar sein Verhältnis zum Menschen, wie das Verhältnis zum Menschen unmittelbar sein Verhältnis zur Natur, seine eigne natürliche Bestimmung ist. In diesem Verhältnis erscheint also sinnlich, auf ein anschaubares Faktum reduziert, inwieweit dem Menschen das menschliche Wesen zur Natur oder die Natur zum menschlichen Wesen des Menschen geworden ist. Aus diesem Verhältnis kann man also die ganze Bildungsstufe des Menschen beurteilen. Aus dem Charakter dieses Verhältnisses folgt, inwieweit der Mensch als Gattungswesen, als Mensch sich geworden ist und erfaßt hat; das Verhältnis des Mannes zum Weib ist das natürlichste Verhältnis des Menschen zum Menschen. In ihm zeigt sich also, inwieweit das natürliche Verhalten des Menschen menschlich oder inwieweit das menschliche Wesen ihm zum natürlichen Wesen, inwieweit seine menschliche Natur ihm zur Natur geworden ist. In diesem Verhältnis zeigt sich auch, inwieweit das Bedürfnis des Menschen zum menschlichen Bedürfnis, inwieweit ihm also der andre Mensch als Mensch zum Bedürfnis geworden ist, inwieweit er in seinem individuellsten Dasein zugleich Gemeinwesen ist."

Ob und wieweit Marx dieses Bild der Geschlechtsliebe auf sein Gesellschaftsbild oder umgekehrt seine Vorstellung von der sozialen Selbsterzeugung des Menschen auf die erotische Dialektik projiziert, bleibt wohl unentscheidbar, solange diese Wechselbeziehung nicht selbst dialektisch gesehen wird. Explizit ist für Marx das Gattenverhältnis sicher Spiegelbild der soziohistorischen Produktionsweise der Gattung Mensch, ein Teil der Produktionsverhältnisse, ohne deshalb aufzuhören, unbewußt die Art zu beeinflussen, in der wir Gesellschaft und Geschichte sehen und beeinflussen.

"Also ist die Gesellschaft die vollendete Wesenseinheit des Menschen mit der Natur, die wahre Resurrektion der Natur, der durchgeführte Naturalismus des Menschen und der durchgeführte Humanismus der Natur." Nach der Entmachtung von Monsieur le Capital, also der analen Herrschaft des Vaters, muß der Erdensohn sich nicht mehr mit ihm identifizieren und auf Mutter Natur „scheißen", ihm nicht mehr in den Arsch kriechen oder sich wie ein kleines Mädchen prostituieren. Die Macht über *Madame la Terre* erlangt er durch Identifikation mit ihr, mit ihrer archaischen (technokratisch und industriell rekonstruierten) Omnipotenz. „Resurrektion" deutet auf Erektion der frühen *phallischen Mutter*: sie ist als Phallus, den sie nicht hat, wiederauferstanden, der Sohn hat sie am Vater gerächt und wird eins mit ihr und ihrer Macht über Leben und Tod der Individuen und Erzeugnisse.

"Der Mensch eignet sich sein allseitiges Wesen auf eine allseitige Art an, also als ein totaler Mensch." Adorno : „Totalität und Homosexualität gehören zusammen." Was Marx an Hegel kritisiert, tut er selbst, nur nicht vom männlichen Selbstbewußtsein aus, sondern von Mutter Natur aus "werden ihm alle Gegenstände als die Vergegenständlichung seiner selbst", der Mutter Erde in ihren Geschöpfen erfaßt. Das Leben der Natur ist der Tod ihrer Geschöpfe, die sie auswirft, um sie wieder in sich zurückzunehmen, Produktion als Selbstzweck wie bei Nietzsche. "Der Tod scheint als harter Sieg der Gattung über das bestimmte Individuum und ihrer Einheit zu widersprechen; aber das bestimmte Individuum ist nur ein bestimmtes Gattungswesen, als solches sterblich." Unter dem Kapital sind Arbeiter und Natur Prostituierte : "Du mußt alles, was dein ist, feil, d.h. nützlich machen. Wenn ich den Nationalökonomen frage: Gehorche ich den ökonomischen Gesetzen, wenn ich aus der Preisgebung, Feilbietung meines Körpers an fremde Wollust Geld ziehe (die Fabrikarbeiter in Frankreich nennen die Prostitution ihrer Frauen und Töchter die Xte Arbeitsstunde) ... "

Kapital wie Arbeit sind für Marx gleichsam Analitäten. Nicht erst das Privateigentum der Kapitalisten an den Produktionsmitteln, der *Sinn des Habens* und der Erwerbstrieb, sind analsadistisch, sondern schon die Formung der Natur durch proletarische Arbeit. Der oralen Konsumtion steht weniger eine genitale Kreativität als eine anale Produktionsentäußerung gegenüber. Der moderne Kapitalismus unterscheidet sich von der marxistischen Zielscheibe durch den Rückgriff hinter die anale auf die oralkonsumistische Sozialpsychologie. --- Der Konsum selbst wird Produktivkraft : Das erzprotestantische Leistungs- und Spar-Ethos weicht narzisstischer Mm-oralität. Die proletarische Arbeit ist für Marx *Mater*ialisierung der toten Natur, die revolutionäre Praxis dagegen Expropriation der Exropriateure, Kastration der kapitalistischen Vaterfiguren, die den

Erdensöhnen ihre phallischen Produktionsmittel leihen zur Verwandlung der archaisch bösen Natur in eine gütig gütergewährende Mutter. Privatim brachte es Marx selbst niemals zu einem Brotberuf, konnte seine Familie nicht ernähren und nicht mit Geld umgehen. --- Narzisstische Größenphantasien ließen ihn das anale Spiel des Gebens und Nehmens, die Gerechtigkeit des Tausches, verachten. In Kindheit und Jugend bekam er mehr, als er geben mußte. Um später nicht stets mehr geben zu müssen, als er zurückbekam, Motor der kapitalistischen Expansion, gab er nur die Theorie, *daß* wir mehr verdienen als wir verdienen und wie wir nichts tun, um alles zu erhalten. Mit den phallischen Produktionsmitteln nehmen die proletarischen Menschenkinder ihren kapital(istisch)en Vaterfiguren die damit aus Roh-*materi*alien hergestellte gute Mutter Natur wieder weg. Die Geschwisterhorde raubt dem Vater Phallos und Gattin und teilt sich brüderlich in deren Besitz und Genuß.

Arbeit zerstört die religiöse Übermacht der archaisch omnipotenten frühen Mutter Natur übers hilflose Menschenkind, revolutionäre Praxis die Übermacht der kapitalen Väter (über die Macht der Söhne über Mutter Natur). Der Sohn hat Mutter Natur gemacht, der Vater hat sie.

Gegen den 'Sinn des Habens' wird weniger, wie Erich Fromm meinte, der Sinn fürs Sein als der des Machens ausgespielt. Wer Mutter Natur aus toter Materie herstellt, soll sie auch genießen dürfen, oral-kaptativ wie genital. Der Einzelmensch trennt

sich von seiner leiblichen Mutter, um genossenschaftlich brüderlich die feindliche Außenwelt zu
Uterus, Vagina, Mammen der guten Mutter Natur
umzuschaffen, die ganz für ihn da ist. Anders als für
grüne Umwelt(vor)schützer ist für Marx der techno-
logische Raubbau an der Materie kein Raubmord an
Mutter Natur, keine Vergewaltigung der jungfräulich reinen Natur, weil in seiner Phantasie der tote
Rohstoff ja durch industrielle Verarbeitung über-
haupt erst zur guten Mutter Natur wird, zum Leben
erweckt statt zum Tode befördert. Andere fürchten
schon im Rohmaterial selbst jene mütterliche Mater-
ie zu zerstören und nicht erst im Fertigprodukt.
Marx sah in der unbearbeiteten Natur gar keine gute
Mutter, sondern eine übermächtig feindselige Gottheit, die es durch phallisches Gegengewicht und
anale Homosophie naturwissenschaftlicher Technik
in den Dienst zu nehmen galt. Er fürchtete noch
nicht den Güte(r)-Vorrat der Mater-ie zu erschöpfen
oder einen Racheaufstand der malträtierten Natur.

Nebenbei : Ist es seinem Denken letztlich
gut bekommen, dass er die adlige Tochter eines
preußischen Ministers geheiratet hatte und sich von
einem Unternehmer zeitlebens aushalten ließ?

Freuds einziger Vorbehalt gegen den Sozialismus bestand in dem Bedenken, die Kommunisten
unterschätzten die Gewalt des kollektiven Über-Ich,
welche die Geschwisterhorde an der Entmächtigung
der Elternbilder hindere, die sie auf Natur und
Machthaber zu projizieren pflegen.

Ein neues „Gothaer Programm" wäre nötig. „In Erwägung", dass nicht nur die Befreiung der Arbeiterklasse, sondern auch und gerade die Theorie ihrer Befreiung ein Werk der Arbeiter selbst sein müsste, wenn die „alte ökonomische Scheiße" nicht ewig wiederkehren soll, bestünde der erste Schritt einer sozialen und nicht nur kulturellen Revolution darin, dass der Arbeitssklave sich selbst zum individuellen Geistesarbeiter machen müßte.

Wenn das ein nur utopischer Proletarismus sein sollte, wäre der zukunftsträchtiger und rationaler als jeder *wissenschaftliche Sozialismus*, den sich Bildungsbürger ausdenken könnten und den die „Knoten und Straubinger" dann nur noch auszuführen hätten. Arbeitssklaven aller Länder, einigt euch, erst einmal euch nicht zu Kollektiven zu *verein*igen, sondern im Gegenteil aus dem Kollektiv heraus zu vereinzeln, zu verfeinern und zu vergeistigen – jeder in seiner stillen Studierstube.

„... flüchtet vor der geschichtlichen Tragödie, die ihm drohend zu nahe rückt, in die angeblich reine Natur, d.h. in die blöde Bauernidylle und predigt den Kultus des Weibes, um seine eigene weibische Resignation zu bemänteln." „Eine zu verschwenderische Natur hält den Menschen an ihrer Hand wie das Kind am Gängelband." —

„Von diesem Augenblick an regen sich Kräfte und Leidenschaften im Gesellschaftsschoße, welche sich von ihr gefesselt fühlen." „Das Verhältnis des Mannes zum Weib ist das natürlichste Verhältnis des Menschen zum Menschen ... und das menschlichste Verhältnis zur Natur."

„Diese Herrschaft der Freiheit kann nicht beginnen, solange die Arbeit nicht beendet ist, welche uns Notwendigkeit und äußerliche Endgültigkeit auferlegen." (*Karl Marx* : „Das Kapital", III)

„Sobald für alle ein Spielraum wirklicher Freiheit zum Leben jenseits der Produktion besteht, hat der Marxismus seine Zeit vollendet; es wird dann eine Philosophie der Freiheit an seine Stelle treten. Doch haben wir keine Möglichkeit, keine Denkmittel und konkreten Erfahrungen, die es ermöglichten, uns einen Begriff von dieser Freiheit und von dieser Philosophie zu machen."
(*J.-P. S a r t r e: "Critique de la raison dialectique"*, Paris 1960, S. 32)

Warum hat Marx so lange über die „ökonomische Scheiße" nachgedacht und studiert? Dass politische Ökonomie unser Schicksal sei, ist nur eine der Ideologien unserer Zeit. Die *soziale Revolution* beginnt damit, diese Ideologie als bloße Ideologie sich bewusst zu machen. Die „soziale Frage" hat alle sozialistischen Antworten überlebt, sie ist so alt wie die Hochkulturen, die vor etwa zehn Jahrtausenden begannen mit Acker und Viehzucht der Sesshaften, also mit feudalistischen Machtstrukturen zwischen kapitalen Herren und lohnarbeitenden Knechten, nach Jahrhunderttausenden relativ egalitären Noma-

dentums ohne Grundbesitz und *vor* dem Erbsünden-
fall alles von Gott verfluchten „Ackerns" …

Und niemand sollte den Kapitalismus an-
greifen dürfen, ohne den Industrialismus selber in
Frage zu stellen, ob nun in kapitalistischer oder in
sozialistischer Spielart, eine Industriewelt, deren
scheinbar unerschöpfliches Füllhorn sich inzwi-
schen als eine *Büchse der Pandora* entpuppt hat …

"Das Kapital" des begnadeten Analytikers *Karl Marx* ist und war keine Religion, ist und war aber eine scharfsinnige Theorie zur praktischen Realisierung der heiligen Schriften seiner Vaterreligion, um sie vom Himmel auf die Erde herab zu holen. Wo bleibt der „Exodus aus den Sklavenhäusern" der Moderne? Ist Marx ein toter (bunter) Hund? Wer liest im 21. Jahrhundert noch diesen Mann des 19. Jahrhunderts und hat ihn jemals selbst gelesen? Hat der heutige hochindustrielle „Sozialstaat" die revolutionsfreundliche „Verelendung" der *working poors* beendet und den „Prolls" da allen Wind aus den roten Segeln genommen? Die „soziale Frage" hat alle sozialistischen Antworten nun überlebt, aber geht als rotes Gespenst längst nicht mehr um in Europa. In der fast lückenlos „verwalteten Welt" *(Horkheimer)* hat kein Aufruhr mehr einige Aussicht auf Erfolg.

Warum nahmen die Armen sich so selten, was ihnen gerechterweise zusteht? Aus Respekt vor der Justiz oder vor den Maschinengewehren der Reichen?

Was bringt da der Versuch einer Tiefenpsychologie des HISTOMAT und des DIAMAT? Kann sie besser als die Politiker und Ökonomen das weltweite Scheitern des „Sozialismus" und der Arbeiterbewegungen erklären? --- „Ich bin kein Marxist." *(Karl Marx)*

Man lese auch die zahlreichen Aphorismen seiner „Kritik der politischen Ökonomie" …